Hellmut Becker
Ludwig Liegle

Israel — Erziehung und Gesellschaft

Klett-Cotta

CIP-Kurztitelaufnahme der Deutschen Bibliothek

Becker, Hellmut:
Israel, Erziehung und Gesellschaft / Hellmut Becker; Ludwig Liegle. – 1. Aufl. – Stuttgart: Klett-Cotta, 1980.
ISBN 3-12-930710-9
NE: Liegle, Ludwig:

1. Auflage 1980

Verlagsgemeinschaft Ernst Klett — J. G. Cotta'sche Buchhandlung Nachfolger GmbH

Druck: Zechner, Speyer

Inhalt

Vorbemerkung

Es gibt in Deutschland eine vielfältige Literatur über Israel, und es gibt ein weitverbreitetes Interesse an den Chancen und Sorgen dieses Landes. Dieses Interesse basiert auf dem Gefühl der Schuld gegenüber dem jüdischen Volk, aber auch auf der Anteilnahme, die seine einmalige Geschichte und die Zusammenführung eines Volkes aus der ganzen Welt in einen neuen Staat in Deutschland gefunden hat. Umso merkwürdiger ist es, daß trotz der besonderen Beziehungen, die durch die jüngere Geschichte zwischen dem Staat Israel und der Bundesrepublik begründet worden sind, keine einzige Darstellung des israelischen Bildungswesens in deutscher Sprache vorliegt. Aber auch die einzige umfassendere Darstellung in englischer Sprache, das Buch von Kleinberger „Society, Schools and Progress in Israel", liegt über zehn Jahre zurück. Die Beschäftigung mit dem Bildungswesen Israels konzentriert sich auf besondere Phänomene, wie z.B. die Kibbuz-Erziehung; das Bildungswesen im ganzen und die Wechselwirkung der verschiedenen Faktoren sind bisher nicht beschrieben und analysiert worden.

Diese Tatsachen haben die Van Leer Foundation in Jerusalem veranlaßt, die Möglichkeiten einer Gesamtdarstellung des israelischen Bildungswesens in Gesprächen zwischen israelischen und europäischen bzw. amerikanischen Wissenschaftlern zu prüfen. Aus mehreren Seminaren entstand der Gedanke, nach bestimmten Parametern die einzelnen Teile des israelischen Bildungswesens von Fachwissenschaftlern darstellen zu lassen. Diese Einzelarbeiten wurden durch eine israelische Herausgebergruppe zusammengefaßt; das Gesamtwerk wurde durch einige Analysen ausländischer Wissenschaftler abgeschlossen. Diese Gesamtdarstellung wird im nächsten Jahr auf Hebräisch, Englisch und Deutsch erscheinen.

Wir veröffentlichen in diesem Buch unser Kapitel aus dieser Gesamtdarstellung vorweg, um damit das kommende Werk anzuzeigen und zugleich einem größeren Publikum einen ersten Einblick in die Grundprobleme des israelischen Bildungswesens möglich zu machen. Was hier vorliegt, kann nicht die Lektüre des umfassenden Buches ersetzen, es kann aber einem breiteren Leserkreis einen Einblick in die Probleme vermitteln und zugleich das Verständnis für die kommende Gesamtveröffentlichung vorbereiten. Wir haben seit Gründung der Bundesrepublik eine krisenreiche Entwicklung unseres eigenen Bildungswesens hinter uns. Umso wichtiger ist es, den Blick für die Probleme des Bildungswesens in der Auseinandersetzung mit der zugleich vertrauten und fremden Welt Israels zu schärfen.

Zum Verständnis für den Leser haben wir im Anhang einen Aufriß des israelischen Bildungswesens und Literaturhinweise zu ausgewählten Problemen des Staates Israel und seines Bildungswesens beigefügt. Der Anhang schließt mit dem Inhaltsverzeichnis des Gesamtwerks: „Erziehung in Israel" (bei Klett-Cotta 1981).

Berlin und Tübingen, im Mai 1980 Hellmut Becker
Ludwig Liegle

1. Die Lerngesellschaft Israel — weltweite Tendenzen und singuläre Entwicklungen

In allen Industriestaaten ist während der letzten fünfzig bis hundert Jahre das Bildungswesen zu einem der größten Teilsysteme der Gesellschaft geworden. Die stürmische Entwicklung institutionalisierter Bildung ist dabei im Zusammenhang mit drei grundlegenden Aufgaben zu sehen: die Aufgabe der politischen und sozialen Integration stellt sich mit der Herausbildung der modernen Nationalstaaten; die Differenzierung gesellschaftlicher Funktionen, auf die das Bildungswesen vorzubereiten hat, ergibt sich aus der Modernisierung; und schließlich wird die Qualifizierung der Bürger notwendig, weil sich die Produktivkräfte entwickeln und damit eine Steigerung der Qualifikationsanforderungen an die Arbeitskräfte einhergeht.

Dem Beobachter des israelischen Bildungswesens begegnen nebeneinander vertraute Entwicklungen, wie er sie aus vielen Teilen der Welt kennt, und spezifische israelische Formen der Erziehung, die ihm neu sind. Dieser erste Eindruck des Vertrauten in Verbindung mit Fremdem, des Universalen neben dem Spezifischen verstärkt sich bei längeren wiederholten Aufenthalten.

Die Juden zählen zu den ältesten Völkern der Welt, der Staat Israel ist aber erst vor gut dreißig Jahren proklamiert worden. Die durch den Zionismus vorbereitete Staatenbildung erforderte neben der politischen Integration gleichzeitig die Integration einer Vielzahl ethnischer Teilgruppen des in alle Welt zerstreuten Judentums.

Über die Hälfte der nach Staatsgründung (1948) massenhaft ins Land strömenden Einwanderer kam aus Ländern, deren Wirtschaft und Bildungswesen dem Stand von Entwicklungsländern entsprachen. Das Überleben des jungen Staates Israel hatte jedoch ein hohes Maß der Modernisierung und technologisch-militärischen Effektivität zur Voraussetzung. Insofern war die Frage, ob Israel ein moderner Staat oder — entsprechend dem großen Bevölkerungsanteil afrikanisch-asiatischer Juden und entsprechend seiner Lage inmitten arabischer Länder — ein „orientalisches" Land sein bzw. werden sollte, von Anfang an zugunsten des modernen Staates entschieden. In einer solchen Situation, in der die Integration einer vielschichtigen Masseneinwanderung ebenso wichtig ist wie die gleichzeitige Modernisierung, gewinnen Erziehung und Bildung in aller Regel eine Schlüsselrolle; dies zeigt z. B. die Geschichte der Vereinigten Staaten.

Im Falle von Israel kann man eine wesentliche Wurzel für den Modernisierungsgedanken im Zionismus sehen. Der Zionismus war ein Produkt der Aufklärung und nationaler Emanzipationsbewegungen im Europa des 19. Jahrhunderts; er war nicht nur eine politische, sondern ebenso eine Erziehungsbewegung, indem er die Diaspora-Juden auf das Leben in einer eigenen modernen Gesellschaft vorbereitete. Tatsächlich sind durch die zionistische Bewegung die wesentlichen Grundlagen eines modernen Erziehungs- und Bildungswesens lange vor der Gründung des Staates Israel in Palästina gelegt worden.

Im Gegensatz zu den Vereinigten Staaten ist im Staat Israel der Modernisierungswille nicht unumstritten in seinem Einfluß auf die Entwicklung der Gesellschaft und des Bildungswesens. Die durch den Zionismus vertretene „Tradition“ der Modernisierung stand und steht in einem Spannungsverhältnis zu anderen Traditionen des Judentums (die z. T. auch in die zionistische Bewegung selbst Eingang gefunden haben). Dabei handelt es sich zum einen um den religiösen Traditionalismus. Die Religion war ein Brennpunkt jüdischer Identität in der Diaspora und hat als Integrationsmedium auch in Israel Bedeutung erhalten. Der religiöse Traditionalismus war und ist jedoch in sich gespalten in die radikale Orthodoxie, die u. a. das Abwarten des Messias fordert (und entsprechend einen weltlichen Staat Israel ablehnt), und in eine gemäßigte Orthodoxie, die z. T. eine zionistisch-religiöse Synthese erstrebte. Die andere nicht-modernistische Kraft ist der Traditionalismus der Einwanderer aus den afrikanisch-asiatischen Ländern. Diese Einwanderer waren weder Zionisten noch religiöse Orthodoxe, sie brachten die Einstellungen und Verhaltensweisen ihrer erst in der Entwicklung begriffenen, alles andere als modernen Herkunftsländer mit sich nach Israel.

Der nationale Staat Israel ist ein Produkt all dieser widersprüchlichen „Traditionen“. Seine Orientierung an den Maßstäben moderner westlicher Staaten mußte dem religiösen und ethnischen Traditionalismus in schweren Auseinandersetzungen abgerungen werden. Und die Anforderungen einer modernen, technologisch effektiven, d. h. instrumentellen Bildung haben sich zwar um des Überlebens des Staates Israel willen durchgesetzt, stehen aber nach wie vor in einem Spannungsverhältnis zu der im Judentum stark verwurzelten Tradition eines Lernens um seiner selbst willen auf der Grundlage religiöser Schriften. Gewiß hat es insbesondere im osteuropäischen Judentum eine Verbindung des Denkens und Handelns mit den praktischen Belangen des privaten Alltags gegeben, sie verband sich jedoch nicht in der

Form mit den Imperativen der Modernisierung, speziell der kapitalistischen Entwicklung, wie dies im Christentum, insbesondere im Protestantismus, der Fall war.

Diese spezifischen Bedingungen und Spannungen — die noch gar nicht lange währende staatliche Existenz, der Zwang zu rascher Modernisierung, deren Träger die Vertreter der etablierten Kultur des ashkenasischen Judentums sind, gleichzeitig aber die Geltung religiöser Traditionen sowie die Herkunft der Bevölkerungsmehrheit aus wirtschaftlich und kulturell noch wenig entwikkelten Ländern — könnten es nahelegen, Israel in die Gruppe der Entwicklungsländer einzuordnen. Zweifellos lassen sich in dem Spannungsverhältnis zwischen Tradition und Modernisierung einige Parallelen zwischen Israel und Entwicklungsländern im Modernisierungsprozeß feststellen; diese Parallelen waren auch der Grund dafür, daß Israel vor der Zuspitzung des israelisch-arabischen Konflikts ein besonders begehrter Berater in vielen Entwicklungsländern gewesen ist. Das Spannungsverhältnis hat seit 1977, als die Regierungsmacht der Arbeiterparteien erstmals durch eine Koalition konservativer und religiöser politischer Kräfte in Israel abgelöst wurde, noch mehr Brisanz erhalten. Die Ablösung der Arbeiterpartei ist nicht zuletzt durch die Stimmen der aus den weniger entwickelten Ländern eingewanderten Bürger möglich geworden.

Auch die wirtschaftliche Abhängigkeit Israels, insbesondere von Amerika, könnte als eine Parallele zur Situation der Entwicklungsländer angesehen werden. Im ganzen hat Israel jedoch mit seiner vorherrschend westlich geprägten politischen, wirtschaftlichen und geistigen Kultur und aufgrund der Modernisierungsprozesse, die es bereits vor der Staatsgründung und beschleunigt in den letzten dreißig Jahren durchlaufen hat, den Status eines Entwicklungslandes hinter sich gelassen. Israel ist eine moderne parlamentarische Demokratie; es weist, wenn man das Verhältnis zwischen landwirtschaftlichem, industriellem und Dienstleistungssektor betrachtet, die Struktur einer modernen Industrie- und Dienstleistungsgesellschaft auf.

Betrachtet man die Institutionalisierung von Erziehung und Bildung als einen Motor und gleichzeitig als ein Symptom der Modernisierung, so kann Israel nur mit hochentwickelten Ländern verglichen werden. Bereits in der vorstaatlichen Periode bestand ein ausgebautes Bildungswesen, und der Staat Israel förderte seit seiner Gründung die Entwicklung einer Lerngesellschaft, deren Herausbildung in den Industrieländern bis zu hundert Jahre in Anspruch genommen hat. Die zentrale Rolle des Bildungswesens zeigt sich nicht nur an den hohen finanziellen Aufwendungen, die den Bildungsausgaben im nationalen Budget die zweitwichtigste Stelle nach den Rüstungsausgaben verschaffen. Auch im internationalen Vergleich ist Israel eines der Industrieländer, die den höchsten Prozentsatz des Nationaleinkommens für Bildungszwecke ausgeben. Nicht zuletzt hat die Aufgabe einer Integration der benachteiligten und kulturell wenig entwickelten Einwanderer in die Gesellschaft dazu beigetragen, daß in Israel dem Bildungswesen ein so hoher Stellenwert zugestanden wurde. Ebenso machen die Bedürfnisse einer modernen Armee im Rahmen der großen Anstrengungen zur Verteidigung Israels eine moderne und effektive Bildung für alle besonders notwendig.

Der Charakter Israels als Lerngesellschaft zeigt sich insbesondere an der Vielzahl formeller Bildungsorganisationen: Für die Fünf- bis Fünfzehnjährigen ist eine allgemeine Schulpflicht verwirklicht; hinzukommen vorschulische Erziehungseinrichtungen unterschiedlicher Trägerschaft; nach dem Ende der Schulpflicht setzen etwa acht von zehn Jugendlichen ihre schulische Ausbildung in der Sekundarstufe II fort, und etwa 30% eines Altersjahrgangs studieren im tertiären Bildungssektor. Daneben bestehen in der Armee, in den Jugendorganisationen und in zahlreichen Verbänden vielfältige Bildungsangebote. Diese Entwicklung ist durch die Staatsgründung verstärkt, aber nicht erst in Gang gesetzt worden; schon der vorstaatliche Yishuv (hebr., Ansiedlung) enthielt alle Elemente dieser Lerngesellschaft.

Unter dem Aspekt Sozialisation und Lebenslauf bedeutet die Lerngesellschaft, daß in Israel in der Regel jeder einzelne vom dritten bis zum einundzwanzigsten Lebensjahr (wenn man die etwa dreijährige Militärdienstzeit für Jungen und Mädchen hinzurechnet) einen großen Teil seines Lebens im Rahmen gesellschaftlich organisierter Sozialisationsprozesse verbringt.

Es gibt universale Funktionen eines expandierenden staatlichen Pflichtschulsystems, wie die Aufbewahrungsfunktion, die Vermittlung von Grundfertigkeiten und von Grundtugenden (Loyalität usw.); und es gibt allgemeine Widersprüche zwischen dem formalisierten Lernsystem und informellen Sozialisationsprozessen. Abgesehen von diesen allgemeinen Merkmalen werden jedoch offensichtlich die Lernprozesse im Rahmen nationaler Bildungssysteme von spezifischen historisch-kulturellen Traditionen sowie von spezifischen politischen, ökonomischen und anderen Faktoren beeinflußt. Eine der in dieser Hinsicht auffälligsten Besonderheiten, der sich der Besucher Israels gegenübersieht, könnte man als eine „Ritualisierung“ von Lernen und Bildung bezeichnen.

Ein Besucher Israels wird kaum auf jene Diskussion

um Schulmüdigkeit, Schulverdrossenheit und Schulangst stoßen, die gleichsam als eine Gegenbewegung zu der immer umfassenderen Einbeziehung von Kindern und Jugendlichen in schulische Lernprozesse entstanden ist. Er trifft nur ausnahmsweise auf jene Tendenzen zu Entschulung und alternativem Lernen, welche die vorherrschenden Institutionalisierungsformen des Lernens in Frage stellen. Er wird auch in der Regel umsonst nach jener Kritik der Leistungsmessung und ihrer Kriterien fragen, die als Reaktion auf ein immer raffinierteres System der Notengebung und des Prüfungswesens entstanden ist. Der Besucher wird den Eindruck gewinnen, daß im ganzen die etablierten Lernsituationen und Lernprozesse bei allen Beteiligten weitgehend als selbstverständlich gelten; und hierher gehört auch, daß es keine nennenswerte Schüler- oder Studentenbewegung in Israel gegeben hat.

Offensichtlich liegen die Wurzeln für eine solche Ritualisierung des Lernens in zwei Elementen der jüdischen Tradition: Zum einen war eine Wertschätzung des Lernens um seiner selbst willen kennzeichnend für die normative, jüdisch-religiöse Erziehung in der Diaspora mit ihrem ganztägigen und oft Jahre dauernden Studium des Talmud. Zum andern war die Bedeutung dieses Lernens für die Wahrung der jüdischen Identität in der kulturellen Umgebung der jeweiligen Gastländer außerordentlich groß. Die Besonderheit der Lerntradition liegt daher einerseits in einer gewissen Zweckfreiheit, andererseits in ihrer Wirkung als dennoch lebensnahe und für alle Lebensbereiche relevante Menschenbildung. Noch bevor der Zionismus das Hebräische wieder zu einer lebenden Sprache machte, war die gemeinsame Lerntradition ein Grundelement jüdischer Identität, unabhängig von verschiedener Staatsbürgerschaft und unterschiedlicher Sprache im Alltagsleben. Die ungebrochene Tradition des Lernens von der Diaspora bis in den modernen Staat Israel läßt sich auch an dem lebensgeschichtlich frühen Beginn des Lernens zeigen: in der Diaspora begann das Lernen im „Cheder“ („Zimmer“ = jüdische Schule) im Alter von drei Jahren, und heute gehört Israel zu den wenigen Ländern, in welchen ein Teil der Vorschulerziehung (für die 5–6jährigen) obligatorisch ist. Die traditionelle Form des ritualisierten Lernens bestand in einer religiös-geistigen Bereicherung des Lebens durch religiöse Studien; didaktisch war dieses Lernen häufig durch ein mechanisches Einüben von Sätzen, Riten und Gesetzen gekennzeichnet.

Die Verbindung von jüdischer Lerntradition und moderner Schulbildung führt dazu, daß von allen Einwanderern erwartet wird, sich unabhängig von ihrem kulturellen Hintergrund durch die Bewährung in dem bereits etablierten Lernsystem einen Platz in der israelischen Gesellschaft zu erwerben. Dabei besteht die Gefahr, daß der traditionelle Respekt vor dem Lernen um seiner selbst willen auch noch auf moderne Lern- und Bewertungsformen übertragen wird, die einen Sinn nur in instrumentell verstandenen Zusammenhängen haben. Angesichts der Bedeutung von Modernisierung und technologischer Effektivität ergeben sich daraus insbesondere für die Einwanderer aus afro-asiatischen Ländern unter anderem zwei Probleme: erstens der Übergang von einem wenig differenzierten, traditionsgebundenen Hintergrund in eine hochdifferenzierte, auf sozialen Wandel ausgerichtete Kultur; zweitens die Konfrontation mit den Inhalten und Werten dieser modernen, europäisch-amerikanisch orientierten Kultur. Diese Situation wird noch dadurch verschärft, daß der jüdische Staat inmitten einer islamischen Umwelt lebt, der die Tendenz zur

Veränderung ebenso fremd ist wie die spezifische Form moderner Rationalität.

Die Konflikte zwischen der „herrschenden" Kultur europäisch-amerikanischer Prägung und den verschiedenen kulturellen Traditionen der aus den „orientalischen" Ländern nach Israel eingewanderten Bevölkerung stellen ein zentrales Problem der Erziehung in Israel dar. Das in allen modernen Industriegesellschaften bestehende Schicht- bzw. Klassenproblem wird in Israel, wie in anderen Einwanderungsgesellschaften (zum Beispiel USA), überlagert und verschärft durch die Probleme ethnisch-kultureller Unterschiede. In diesem Zusammenhang hat der Hinweis auf die Ritualisierung des Lernens eine ähnlich kritische Funktion wie der Hinweis von Eisenstadt auf das Problem des „dynamischen Konservatismus" in der israelischen Gesellschaft; es soll damit in Frage gestellt werden, ob die Probleme eines sich modernisierenden Systems in ihrer Dynamik sich durch gleichbleibende und gleichförmige Organisationsmodelle und Interventionsmaßnahmen lösen lassen. Wir haben jedenfalls den Eindruck, daß zwar die Strukturreformen des Bildungswesens in Israel einen eindrucksvollen Fortschritt zeigen, daß damit jedoch die inneren Reformen in Richtung auf Offenheit, Vielfalt und Selbstbestimmung des Lernens nicht Schritt gehalten haben. Diese sind aber für die Zukunft einer demokratischen Lerngesellschaft mindestens ebenso wichtig wie die Verbesserung formaler Chancengleichheit durch Bildung. Das ritualisierte Lernen in seiner traditionellen wie auch in seiner modernen Form steht der Förderung autonomen Verstehens im Wege, das eine Voraussetzung für die Lösung der Zukunftsprobleme darstellt. In allen modernen Lerngesellschaften vollzieht sich heute die Planung des Bildungswesens nicht allein auf nationaler

Ebene, sondern in einem internationalen Zusammenhang; auch unter diesem Aspekt weist Israel Besonderheiten auf.

Der Staat Israel umfaßt zahlenmäßig nur den kleineren Teil (etwa $^1/_5$) des jüdischen Volkes. Substantiell aber ist dieser Teil durch sein Engagement, seine Pioniertätigkeit und die im Alltag gebrachten Opfer besonders wichtig. Die wechselseitige Beziehung zwischen dem jüdischen Staat und dem Judentum in der Diaspora kann nur auf dem Hintergrund der Geschichte des Judentums verstanden werden. Die Bindung Israels an die Diaspora und der Diaspora an den Staat Israel beeinflußt Erziehung und Bildung in Israel schon deshalb sehr stark, weil sie eine wesentliche Bedingung für die Entstehung und für das Weiterbestehen des Staates Israel selbst ist. Während ursprünglich die zionistische Absicht war, das Judentum der Welt in Israel zu sammeln, beruht die jüdische Existenz heute faktisch auf einem Zusammenspiel der Realität des Staates Israel und der weiterbestehenden Diaspora, vor allem in den Vereinigten Staaten. Die Bedeutung des Diaspora-Judentums zeigt sich z. B. in den Inhalten der Erziehung und des Lernens sowie in der materiellen Sicherung zahlreicher Institutionen des israelischen Bildungswesens durch im Ausland lebende Juden. Umgekehrt stellt Israel ein wesentliches Element in der jüdischen Erziehung in der Diaspora dar.

Israel steht in einer besonderen Beziehung zu den Vereinigten Staaten, ja in politischer, militärischer und wirtschaftlicher Abhängigkeit von ihnen. Der amerikanische Einfluß zeigt sich auch in den Inhalten, in den Organisationsformen und in den Karrieremustern auf verschiedenen Stufen des Bildungswesens, insbesondere im Rahmen der Universitäten. Dabei kann man die Frage stellen, inwieweit die Inhalte und Organisationsformen einer hochkapitalistischen Konkurrenzgesellschaft den politischen Aufgaben der Pioniergesellschaft Israels, seiner ursprünglich zionistisch-sozialistischen Orientierung und der kulturellen Tradition des europäischen Judentums entsprechen. In diesem Zusammenhang hat der ausländische Beobachter oft den Eindruck eines Widerspruchs zwischen der israelischen Fähigkeit, unter primitiven Umständen Außerordentliches zu leisten, und der üppigen Ausstattung einzelner Bildungseinrichtungen, die so gar nicht genutzt werden können. Hinter diesem Widerspruch steht allerdings auch die Spannung zwischen der Not der Gegenwart und einer erhofften Zukunft.

Schließlich steht der Staat Israel seit seiner Gründung in harten und teilweise militärischen Auseinandersetzungen mit seinen arabischen Nachbarstaaten; diese Situation, der von Eisenstadt als „offene Festung“ bezeichnete Charakter der israelischen Gesellschaft, wirkt sich in allen Lebensbereichen aus, auch im Bereich von Erziehung und Bildung. Der Stellenwert der Armee in der Erziehung der jungen Erwachsenen, die Bedeutung der Armee für die Integration der unterschiedlichen Bevölkerungsgruppen, das Denken in Kategorien der nationalen Sicherheit — all dies sind Besonderheiten der Existenz Israels, die sich aus objektiven Rahmenbedingungen ergeben. Es bleibt abzuwarten, in welcher Weise der Friedensschluß mit Ägypten diese Situation langfristig verändert. Es ist eine offen Frage, ob und in welcher Weise ein zukünftiger Frieden die internationalen Beziehungen des Staates Israel und die inneren Probleme und Entwicklungstendenzen der israelischen Gesellschaft beeinflussen wird. Es ist zu hoffen, daß das Bildungswesen für die junge Generation israelischer Bürger ein richtiges Verständnis jener Dilemmata möglich macht, die durch den israelisch-arabischen Konflikt erzeugt werden. Damit könnte das Bildungswesen einen Beitrag zur Erziehung zum Frieden leisten. Auch für die künftige Beziehung zwischen Juden und Arabern *innerhalb* Israels, die gleichfalls von dem äußeren Konflikt überschattet ist, kommt dem Bildungswesen eine wesentliche Bedeutung zu.

2. Erziehung als Reproduktion und Erziehung als produktiver Faktor

In der Erziehungswissenschaft wird die Auffassung vertreten, das Bildungswesen erfülle vor allem die Funktion der Reproduktion des Bestehenden und werde vom politischen und ökonomischen System determiniert. Dieser Auffassung steht die andere erziehungswissenschaftliche Vorstellung gegenüber, das Bildungswesen werde von seiner Eigendynamik bestimmt. Tatsächlich sind für jede konkrete Analyse von Erziehung der produktive und der reproduktive Aspekt gleichermaßen wichtig. Die Abhängigkeit von der historisch-gesellschaftlichen Umwelt und die Beeinflussung dieser Umwelt hängen wechselseitig zusammen. Ziele, Inhalte und Formen des Bildungswesens in Israel werden von den spezifischen historischen und gesellschaftlichen Bedingungen bestimmt, unter denen der Staat Israel entstanden ist und besteht: der Zionismus als nationale Bewegung; die Situation des Judentums in der Diaspora und die Beziehungen zwischen dem Staat Israel und dem Judentum in der Diaspora; der heterogene Charakter der Masseneinwanderungen nach der Staatsgründung; die Abhängigkeit von den Vereinigten Staaten; die Beziehungen zu den arabischen Nachbarländern.

Zugleich aber sind der Zionismus selbst sowie Leistungen des Staates und der Gesellschaft Israels ein extremes Beispiel für den Glauben an die Macht der Erziehung, für pädagogischen Optimismus. Der organisierte Zionismus begann mit dem Satz von Theodor Herzl: „Wenn Ihr wollt, ist es kein Märchen“. Freilich erwies sich auch hier Erziehung nur als ein notwendiges und nicht hinreichendes Mittel, und es bedurfte welthistorischer Ereignisse, um die Existenz Israels als Staat möglich zu machen. Die Erschließung von Palästina/Israel, die Modernisierung von Wirtschaft und Gesellschaft, die Integration der Masseneinwanderungen nach der Staatsgründung und vieles andere waren abhängig vom Gelingen ungeheurer erzieherischer Bemühungen; dabei könnte man einen Teil der frühen Pionierleistungen als ein gigantisches Unternehmen der Selbsterziehung und des On-the-job-trainings analysieren.

Die Ritualisierung des Lernens, die in kritischer Absicht angesprochen worden ist, hat in diesem Zusammenhang eine positive Kehrseite: In Israel wird man vergeblich nach jener Resignation und Unsicherheit Ausschau halten, die für viele Lerngesellschaften kennzeichnend ist. Insbesondere in der jungen Generation gibt es einen fast selbstverständlichen Überlebenswillen, der nur auf dem Hintergrund der schöpferischen und zugleich immer wieder tragischen Geschichte des Judentums zu verstehen ist, und eine feste Überzeugung, daß Israel auf eine Überlegenheit im Wissen, in der Naturbeherrschung und in der militärischen Macht angewiesen ist; dies sind Bedingungen des Überlebens, die nur durch Bildung und Erziehung gesichert werden können. Israel ist ein klassisches Beispiel dafür, daß diese Faktoren nicht isoliert werden können, sondern sich in ihrer Wirkung wechselseitig bedingen, ergänzen und begrenzen.

Gerade deshalb ist für Israelis der Gedanke der Entspannung, d.h. eine Außenpolitik, die auf Nichtüberlegenheit und auf Anerkennung dieser Nichtüberlegenheit beruht, so schwer verstehbar. Die Geschichte von Vertreibungen und Vernichtungen durch die Jahrtausende hindurch macht die Vorstellung eines Zusammenlebens der Nationen, bei dem die gegenseitige Vernichtung durch eine Art Gleichgewicht verhindert werden soll, schwer verständlich. Hierin liegen auch Schwierigkeiten im Zusammenleben von Juden und Arabern und in der politischen Bildung, die dieses Zusammenleben möglich machen soll. Eine zusätzliche Schwierigkeit in diesem Zusammenhang ist die Tatsache, daß der Zionismus eine Art Kulturrevolution gewesen ist. Juden aus der ganzen Welt — oder zumindest aus der westlichen Welt — sollten durch Erziehung in Bürger eines Gemeinwesens verwandelt werden. Demgegenüber standen die traditionellen Lebensformen der islamischen Araber. Es bestand also von beiden Seiten keine gute Voraussetzung für eine unmittelbare Politik des Verständnisses und der Entspannung. Um so wichtiger ist es, diese Frage zum Gegenstand der politischen Bildung zu machen.

Das fast ungebrochene Vertrauen in die Macht der Erziehung als stabilisierender Faktor der Gesellschaft kann freilich auch Anlaß zu kritischen Fragen sein; dies um so mehr , als sich dieses Vertrauen auf ein bürokratisiertes staatliches Bildungssystem bezieht, das nicht mehr von einem sinnstiftenden Wertsystem bestimmt wird, wie dies im traditionellen Judentum einerseits, in der vorstaatlichen Phase des Yishuv andererseits in unterschiedlicher Weise der Fall war.

Eine dieser Fragen könnte lauten: Wird nicht Erziehung als Instrument der Veränderung in Israel überschätzt? Ein Beispiel, das in diesem Zusammenhang von Bedeutung sein könnte, sind die Bemühungen um eine Integration der orientalischen Einwanderer in die israelische Gesellschaft. Es ist die Frage, ob die hier gegebene kulturelle Verschiedenheit, die Fremdheit gegenüber den herrschenden kulturellen Eliten, der Mangel an selbstrekrutierter politischer Führung, die soziale und siedlungsmäßige Isolierung und die Zuschreibung eingeschränkter Positionen im Beschäftigungssystem allein oder vorwiegend mit Hilfe von Erziehung und Bildung zu überwinden sind. Es ist die Frage, ob der Hinweis auf die mehr oder weniger erfolgreiche Integration der orientalischen Einwanderer in ein expandierendes staatliches Bildungssystem nicht die Einsicht blockiert, daß weitere kulturelle, politische, soziale und wirtschaftliche Maßnahmen notwendig sind und vielleicht geeigneter sein könnten als die Verlängerung der formalen Schulbildung, um jenes Ziel der nationalen kulturellen Vereinheitlichung zu erreichen, dem in der Ideologie nach wie vor ein hoher Stellenwert zukommt. Tatsächlich zeigen sich in der jungen Generation, z.B. bei der Wahl von Ehepartnern (etwa 20% ethnische „Mischehen"), bereits Tendenzen einer sozio-kulturellen Integration, die auf die Wirkung von Faktoren außerhalb des formellen Bildungssystems zurückgeführt werden müssen.

Man könnte im übrigen auch fragen, ob nicht gerade die vereinheitlichende Tendenz des Bildungswesens auf Chancen verzichtet, die in der kulturellen Vielfalt eines echten Bildungspluralismus liegen. Dieser könnte den Versuch bedeuten, die unterschiedlichen kulturellen Vergangenheiten der einzelnen ethnischen Gruppen nicht zu einer einheitlichen jüdischen Kultur zusammenzufassen, sondern auf dem Hintergrund jüdischer Gemeinsamkeit die Vielfalt der kulturellen Traditionen lebendig zu erhalten. Gerade dem europäischen Beobachter ist der hohe Preis vertraut, den man für kulturelle Vereinheitlichung bezahlen muß.

Eine zweite Frage könnte lauten: Wird in Israel nicht die Eigendynamik (und zwar die konservative Eigendynamik) des Bildungswesens unterschätzt? Wir wissen von allen bürokratisierten Dienstleistungsbereichen —

und für das Bildungswesen als dem größten institutionalisierten Dienstleistungsbereich gilt dies in besonderer Weise —, in welchem Ausmaß sie geeignet sind, neue Anforderungen und neue bildungs- und gesellschaftspolitische Ziele durch ihre Eigengesetzlichkeit, durch ihre eingespielten Regeln und Rituale zu blockieren oder gar zu pervertieren. Man könnte den Versuch der Integration einer nunmehr „orientalischen" Bevölkerungsmehrheit in ein bereits etabliertes, am europäisch-amerikanischen Muster orientiertes Bildungssystem sogar als ein besonders relevantes Beispiel gerade für diese unreflektierte Eigendynamik betrachten. Denn es ist ganz ungewiß, ob die Fortschreibung jener Bildungsideale und Bildungsformen, die vor der Gründung des Staates Israel in den Lehrerseminaren und im Sekundarschulwesen sowie in den Hochschulen (d.h. damals im Rahmen der Hebräischen Universität Jerusalem und des Technion in Haifa) und Forschungseinrichtungen (z.B. dem Weizmann-Institut) entwickelt worden sind, zur Befriedigung der Bedürfnisse einer hochdifferenzierten, ethnisch-kulturell gespaltenen Gesellschaft geeignet ist. Es ist daher zu fragen, ob die Übernahme euro-amerikanischer Bildungsziele und Bildungsinstitutionen mit ihren der jüdischen Tradition sowie den Erfahrungen der Neueinwanderer fernliegenden hochformalisierten Systems der Auslese nicht gerade die Entwicklung eines eigenständigen israelischen Bildungswesens gefährdet. Die Forderung nach kulturellem Pluralismus muß im Falle von Israel immer an die Bedingung geknüpft werden, daß die objektiv notwendige Modernisierung und technologische Effektivität nicht in Frage gestellt sind.

Die Analyse eines jeden Bildungssystems muß mindestens zwei Dimensionen berücksichtigen: die aktive Funktionserfüllung des Bildungswesens aufgrund bestimmter organisatorischer, curricularer und personeller Bedingungen und die vielfältige Abhängigkeit des Bildungssystems von Faktoren des sozialen Systems, welchem es angehört. Im Blick auf diese Dimensionen sollen im folgenden Errungenschaften und Probleme des israelischen Bildungswesens unter sechs Aspekten behandelt werden.

Unter dem Aspekt *„Demokratie"* (Kap. 3) wird nach dem Beitrag des Bildungswesens zur Einlösung des Gleichheitspostulats und nach dem Einfluß des politischen Systems, insbesondere der politischen Parteien, auf das Bildungswesen gefragt. Unter dem Aspekt *„Verwaltung"* (4) wird nach dem Beitrag des Bildungswesens zur Entwicklung von Teilhabe (Partizipation) von Eltern, Lehrern, Schülern sowie dem Einfluß des etablierten Verwaltungssystems auf das Bildungswesen gefragt und das Verhältnis von Zentralisierung und Dezentralisierung untersucht. Unter dem Stichwort *„Berechtigungswesen"* (5) wird nach den bildungsimmanenten Mustern der Leistungsbewertung sowie nach deren Beeinflussung durch das etablierte Laufbahnsystem gefragt. Unter dem Aspekt *„Beschäftigungssystem"* (6) wird nach der Qualifizierungsfunktion des Bildungswesens sowie nach dem Einfluß eines differenzierten Beschäftigungssystems auf das Bildungswesen gefragt und das Problem Zentralismus versus Dezentralismus unter dem Apsekt des Beschäftigungssystems weiterdiskutiert. Unter dem Aspekt *„nationale Identität"* (7) wird nach dem Beitrag des Bildungswesens zur politischen Sozialisation sowie nach dem Einfluß von Ideologien auf das Bildungswesen gefragt. Schließlich werden unter dem Aspekt der *„Innovation"* (8) Modelle und Strategien der Entwicklung des israelischen Bildungswesens auf dem Hintergrund der Bildungsforschung diskutiert.

3. Erziehung und Demokratie

In fast allen Ländern der Welt gelten heute die Demokratisierung der Bildung und die Verwirklichung der Chancengleichheit als anerkannte politische Zielsetzungen. In Israel gewinnt man den Eindruck, daß es sich hierbei nicht um Schlagworte handelt, sondern daß damit Maßstäbe für den Alltag der Bildungspolitik und Bildungsplanung gesetzt sind. Umfang und Intensität jener Maßnahmen, die allen Kindern und Jugendlichen wenigstens auf der Ebene formaler Schulbildung gleiche Startchancen gewährleisten sollen, sind höchstens mit den Bemühungen um kompensatorische Erziehung in den Vereinigten Staaten von Amerika zu vergleichen. Über die Notwendigkeit und über die Wirksamkeit der Einführung eines gesamtschulartigen Bildungssystems für die gesamte Dauer des Pflichtschulbesuchs hat es in Israel nur eine beschränkt kontroverse Debatte zwischen den unterschiedlichen politischen Kräften des Landes gegeben. Dies deutet darauf hin, daß eine Demokratisierung der Bildung und die möglichst weitgehende Verwirklichung der Chancengleichheit im Bildungswesen als eine Bedingung des Überlebens der israelischen Gesellschaft aufgefaßt wird. Die bildungsaristokratische, ja snobistische Ablehnung der Gesamtschulen, wie man sie in England, in der Bundesrepublik Deutschland, ja selbst in Schweden, treffen kann, begegnet einem in Israel nur ganz selten und dann in Verbindung mit einer bestimmten Form von Kulturpessimismus.

Die in den drei Jahrzehnten seit Staatsgründung erreichte Expansion der Schüler- und Absolventenzahlen im Rahmen eines gesamtschulartigen Systems vom jüngsten Vorschulalter ab, muß in sich selbst als eine Errungenschaft erster Ordnung eingeschätzt werden. Insbesondere gilt dies, wenn man die Leistung des israelischen Schulsystems mit dem selektiven Charakter der Schule in einigen der entwickeltesten europäischen Ländern (nicht zu sprechen von den Entwicklungsländern) vergleicht und wenn man die Masseneinwanderung (und den Charakter dieser Masseneinwanderung) nach Staatsgründung in Rechnung stellt. Man mag die Behauptung von Halsey, daß das Scheitern der egalitären Politik die grundlegende Tatsache der Bildungsgeschichte des zwanzigsten Jahrhunderts sei, schon für Europa in Zweifel ziehen. Für Israel ist sie offensichtlich falsch; die Politik der Chancengleichheit hat nicht alle gewünschten Erfolge erreicht, aber sie ist offensichtlich nicht gescheitert.

Trotz des Erfolges der Bildungsexpansion ist das Bildungssystem Israels durch eine spezifische Verbindung von horizontalen bzw. egalitären und vertikalen bzw. selektiven Elementen gekennzeichnet, die nur auf dem Hintergrund der historischen Entwicklung der Gesellschaft bzw. des Staates Israel zu verstehen ist. Diese Verbindung widersprüchlicher Elemente zeigt sich sowohl auf der strukturell-organisatorischen wie auf der inhaltlich-didaktischen Ebene des Schulwesens.

Einerseits ist lange vor Gründung des Staates Israel in Palästina ein differenziertes Schulsystem entstanden, das zum Teil Merkmale der traditionellen jüdischen Erziehung (religiöser Trend), zum Teil Merkmale einer sozialistischen Einheitsschule (Trend der Arbeiterbewegung, insbesondere Kibbuzim) und zum Teil Merkmale bürgerlicher selektiver Schulsysteme aufwies. Dabei kamen damals die Familien, deren Kinder die Schulbevölkerung stellten, ganz überwiegend aus modernisierten Gesellschaften und, sozio-ökonomisch betrachtet, aus Mittelschichten. Die Masseneinwanderung nach der Staatsgründung brachte demgegenüber Menschen aus benachteiligten sozio-ökonomischen Schichten und mit asiatisch-afrikanisch geprägtem kulturellen Hintergrund nach Israel, die 1948 nur 25%, heute aber über 60% der jüdischen Bevölkerung bilden. Von 1948—1951, also in drei Jahren, hat sich das zahlenmäßige Verhältnis zwischen den Juden amerikanisch-europäischer und afrikanisch-asiatischer Herkunft in Israel diametral verschoben. Die gleichzeitige stürmische Vermehrung und tiefgreifende Veränderung in der Bevölkerung, und damit auch der Schulbevölkerung, führte zu der bekannten Situation des sozio-ökonomischen Konflikts und des kulturellen Dualismus in Israel.

In dieser Situation waren die Vertreter der dominanten Kultur für die Leitung und Planung des Schulsystems verantwortlich; es lag nahe, nichts zu tun, was die Überlegenheit der dominanten Kultur und die Einheit des Staates gefährden könnte, andererseits aber alles zu tun, um die Integration der Einwanderer in die Gesellschaft zu fördern. Soweit das Bildungssystem als Mittel der Selbstrekrutierung von Angehörigen der dominanten Kultur einerseits, als Mittel zur Integration der Neueinwanderer andererseits gelten konnte, deutete dies auf eine Bildungspolitik hin, die wie die Bildungspolitik der Länder der Dritten Welt (aber auch der Klassengesellschaften Mitteleuropas) auf eine Zweiteilung des Bildungssystems in eine (relativ kurze) Grundbildung für alle sowie eine akademisch-selektiv orientierte Sekundarschul- und Tertiärbildung für die Angehörigen der dominanten Kultur hinauslief. Für die sozio-ökonomisch benachteiligten Schichten würde danach, entsprechend dem klassischen Vorurteil der europäischen bürgerlichen Gesellschaft, die berufliche Bildung als geeigneter Bildungsweg gelten. Demgegenüber war die Politik, insbesondere die Bildungspolitik der ersten Regierungen des Staates Israel, von allem Anfang an darauf gerichtet, einen solchen Dualismus nicht aufkommen zu lassen, sondern eine integrierte Gesellschaft sowie ein integriertes Schulsystem zu entwickeln. Der in dem unterschiedlichen soziokulturellen Hintergrund der verschiedenen Einwanderungsgruppen angelegte Pluralismus sollte nicht perpetuiert werden. Die vor der Staatsgründung etablierte Struktur des Schulwesens (Kindergarten, 8 Jahre Grundschule, 4 Jahre Sekundarschule) wurde daher zunächst festgeschrieben, in der Absicht, die achtjährige Pflichtschule zur Grundlage der Schulbildung für die gesamte Bevölkerung zu machen. Die Empfehlungen der Prawer-Kommission und die Bildungspolitik der siebziger Jahre, die auf den Empfehlungen der Rimalt-Kommission und entsprechender Beschlüsse der Knesseth beruhten, führten dann zu einer weiteren Verstärkung des horizontalen Charakters des Schulsystems durch die Einführung einer neuen Struktur (Kindergarten, 6 Jahre Grundschule, 3 Jahre Sekundarstufe I, 3 Jahre Sekundarstufe II); das wichtigste Ziel dieser Strukturreform ist die Verwirklichung einer Grundbildung für alle — vom obligatorischen Vorschuljahr bis zum Abschluß der ersten Stufe des Sekundarschulwesens, die als Gesamtschule konzipiert ist.

Im Gegensatz zu den vertikalen Schulsystemen in England, Frankreich und der Bundesrepublik ist auf diese Weise ein Schulsystem entstanden, das die Auslese bis zum Ende des neunten Schuljahres hinausschiebt. Selbst nach dem neunten Schuljahr setzt der größte Teil der Schüler noch die Schulbildung fort, freilich im Rahmen eines institutionell differenzierten Gesamtschulsystems, innerhalb dessen sich die Schüler asiatisch-afrikanischer Herkunft in erster Linie auf das berufliche Schulwesen als geeignetem Weg einer überwiegend praktisch-technisch orientierten Bildung konzentrieren.

Auf diesem Hintergrund erweist sich daher Integration als das entscheidende Ziel, gleichzeitig aber auch als das bevorzugte Mittel einer egalitären Bildungspolitik. Zwischen beiden — Ziel und Mittel — besteht ein Spannungsverhältnis. Es ist zu fragen, ob Integration als Mittel einer egalitären Bildungspolitik in Israel tatsächlich konsequent eingesetzt wird. Auf der Ebene der Schulorganisation muß diese Frage verneint werden: die Aufgliederung der Bevölkerung in Religiöse und Nichtreligiöse, in Juden und Araber und die besondere Behandlung der Kibbuzim setzen eindeutige Grenzen für eine Integration. Demzufolge gibt es die beiden getrennten Subsysteme des staatlichen und des staatlich-religiösen Schulwesens; es gibt ein weitgehend autonomes Schulsystem der Kibbuzim, das in nur geringem Maße Nicht-Kibbuz-Schüler umfaßt; und schließlich gibt es keine Integration der Schüler des jüdischen und des arabischen Schulsystems.

Sodann finden wir innerhalb der Subsysteme des jüdischen Erziehungssystems häufig einen geringen Grad der Integration aufgrund der homogenen Siedlungsmuster (z.B. wohnen in großen Teilen der neuen Städte überwiegend orientalische Einwanderer, während z.B. in den Kibbuzim europäisch-amerikanische Einwanderer stark überwiegen), sowie aufgrund der Tatsache, daß innerhalb des staatlich-religiösen Schulsystems Schüler orientalischer Herkunft stark überrepräsentiert sind. Dementsprechend ist gegenwärtig erst eine Minderheit der Schulen in die neue Gesamtschulstruktur überführt worden; und diese Situation wird sich vermutlich in den nächsten Jahren wenig ändern, wenn man z. B. die Tatsache berücksichtigt, daß auch die Einrichtung von Mittelschulen nicht verhindern kann, daß in bestimmten Siedlungsbereichen bis zu neunzig Prozent der Bevölkerung orientalischer Herkunft ist, so daß von einer Integration unterschiedlicher Elemente kaum gesprochen werden kann. Während etwa 20% der Bevölkerung in homogenen Siedlungsgebieten wohnen, lernen etwa 40% der Schüler orientalischer Herkunft in homogenen Klassen.

Man fragt sich, in welchem Umfang Integration als Mittel einer egalitären Bildungspolitik überhaupt erfolgreich sein kann, wenn die Rahmenbedingungen in offenem Widerspruch zu der integrativen Absicht der Bildungspolitik stehen, d. h. wenn z. B. die homogene Siedlungsform und entsprechende Verhaltensweisen eben jene Integration unmöglich machen. Offenbar ist eine integrative Bildungspolitik nur möglich, wenn die wirtschaftlichen, sozialen und vor allem die siedlungspolitischen Rahmenbedingungen mit dieser integrativen Absicht richtig koordiniert sind.

In der erziehungswissenschaftlichen Forschung ist in den letzten Jahren die Frage häufig diskutiert worden, wieweit die schulische Integration überhaupt die reale Integration fördert, d. h. es ist gefragt worden, welche Vorzüge homogene und heterogene Gruppierungen von Schülern haben. Es waren die Untersuchungen von James Coleman in den Vereinigten Staaten, die die Vorzüge einer heterogenen Gruppierung unterstrichen haben. Diese Studie ist durch andere Untersuchungen in Frage gestellt worden, z. B. durch die Arbeiten von Frankenstein in Israel. Frankenstein hat gezeigt, daß Ungleiches ungleich behandelt werden muß, wenn man die sekundäre Rehabilitation, d. h. die Überwindung sogenannter sekundärer Retardierung von Jugendlichen anstrebt. Sein Ansatz geht also von der Überzeugung aus, daß kulturell benachteiligte Kinder bzw. Jugendliche durch spezifische Maßnahmen und im Rahmen homogener Gruppen hinsichtlich der Entwicklung ihres intellektuellen Potentials gefördert werden sollten und gefördert werden können. Erst danach sollten sie in gemeinsame Lernaktivitäten zusammen mit ihren Altersgenossen anderer Herkunft einbezogen werden. Auch die Erfahrungen in der Jugendalyah, die sehr oft aus homogenen Gruppen bestand, haben die Vorzüge dieser Orientierung bewiesen.

Andererseits ist zu berücksichtigen, daß sich mittlerweile — seit dem Einsetzen der kompensatorischen Erziehungsprogramme — die Lebenssituation der Familien „orientalischer" Herkunft und ihre Beziehungen zur Gesamtgesellschaft wesentlich verändert hat. Im allgemeinen besteht nicht mehr die Situation der Einwanderung und der Konfrontation mit einer fremden Kultur; so gut wie alle Kinder sind bereits in Israel geboren und aufgewachsen und haben Umgang mit gleichaltrigen Mitgliedern anderer ethnischer Gruppen. Diese Situation erfordert eine Neudefinition der Gruppe der „Benachteiligten" bzw. „Förderungsbedürftigen", und vermutlich erfordert dies auch neue Modelle der Integration durch Erziehung und Bildung.

Möglicherweise sind heute die intellektuellen und kulturellen Unterschiede zwischen Kindern, deren Eltern aus Europa oder Amerika eingewandert sind, und Kindern, deren Eltern aus afro-asiatischen Ländern eingewandert sind, nicht mehr so groß wie zu Zeiten der Masseneinwanderung in den fünfziger Jahren, wie z. B. die zunehmende Tendenz zu „Mischehen" zeigt. Daher erscheint eine organisatorische Trennung mit dem Ziel der spezifischen „sekundären Rehabilitation" im Sinne von Frankenstein nur noch für eine Randgruppe angemessen. Jedenfalls weisen neuere Untersuchungen (z. B. Minkovich u. a.) darauf hin, daß Kinder „orientalischer" Herkunft in integrierten, heterogenen Klassen im Durchschnitt bessere Lernergebnisse erzielen als in ethnisch homogenen Klassen.

Eine ähnliche Orientierung läßt sich im übrigen hinsichtlich der „primären" kulturellen Retardierung bzw. im Blick auf die kompensatorische Förderung von Kleinkindern und Vorschulkindern in Israel (wie in anderen Ländern) nachweisen: zahlreiche kompensatorische Erziehungsprogramme für Vorschulkinder sowie, verstärkt in den letzten Jahren, auch für Kleinkinder und deren Mütter (die Einbeziehung der Familie stellt einen zusätzlichen wesentlichen Faktor dar) sind überwiegend für benachteiligte Kinder und benachteiligte Familien gedacht, ohne daß daraus die Konsequenz einer organisatorischen Trennung dieser Kinder von den übrigen Kindern gezogen wird. Freilich zeigt sich auch in Israel die Tendenz wie in anderen Ländern, daß diese Förderungsprogramme von Mittelschichteltern voll, dagegen von den eigentlich angesprochenen benachteiligten Familien nur zum Teil in Anspruch genommen werden, so daß ihre kompensatorische Wirkung neutralisiert wird. Angesichts der großen Bedeutung der ersten Lebensjahre für die Persönlichkeitsentwicklung und angesichts der zentralen Stellung der Familie in den langfristigen Sozialisationsprozessen von Kindern und Jugendlichen verdienen solche Programme homogener Gruppierung stärkere Beachtung, als es im Rahmen einer schulisch orientierten Integrationspolitik gegenwärtig der Fall zu sein scheint.

Schließlich wäre in diesem Zusammenhang auf das

Potential der Gewährung „dritter" Chancen hinzuweisen, die sich für Angehörige der orientalischen Bevölkerungsschicht aus den spezifischen Möglichkeiten einer universitären und außeruniversitären Weiterbildung nach mehrjähriger Berufstätigkeit ergeben könnten. Wir fragen daher, ob die gegenwärtig vorherrschende Tendenz einer schulischen Integration indirekt dazu beiträgt, die Anerkennung und Förderung alternativer Strategien der Gleichheitspolitik zu vernachlässigen oder gar zu blockieren. Diese Frage bleibt auch dann relevant, wenn man in Rechnung stellt, daß innerhalb des integrierten Schulsystems jenen Schulen, in welchen die orientalische Bevölkerung stark vertreten ist, zusätzliche finanzielle und personelle Ressourcen zugestanden werden. Man muß zugeben, daß jede homogene Förderung benachteiligter Gruppen, die nicht auf die Integration mit den anderen unmittelbar zusteuert, von Anfang an der Gefahr der „positiven" Diskriminierung ausgesetzt ist, wie wir sie vom Problem der Frauen und der Schwarzen her kennen. Bei der eindeutigen Absicht der Integration im Staat Israel wären trotzdem Förderungsprogramme homogener benachteiligter Gruppen ernsthaft in Erwägung zu ziehen als ein Übergang zu späterer Integration.

Eine weitere Frage betrifft die Modelle des Lehrens und Lernens, also die pädagogische Dimension von Integration als Mittel der Bildungspolitik. Sie kann in Israel nicht von dem Problem der Ritualisierung des Lernens unter dem Zeichen eines „dynamischen Konservatismus" getrennt werden.

Dem Besucher Israels muß es wie eine Ironie der Geschichte vorkommen, daß die Herausforderung der Erziehung einer Bevölkerungsschicht orientalischer Herkunft heute auf ein Lernsystem trifft, welches viele jener

Merkmale der Einheit von Erziehung und Leben verloren zu haben scheint, die für die Erziehungsinstitutionen in der vorstaatlichen Periode kennzeichnend gewesen sind. Die besondere Anziehungskraft und Wirksamkeit vieler Erziehungsinstitutionen des Yishuv kann man auf einige der folgenden Merkmale zurückführen: die Verbindung von Lernen und Leben, von Lernen und Arbeit sowie von Lernen und sozialen Aktivitäten; die erzieherische Rolle des Lehrers sowie der peer-group; das ideologische Ferment konkurrierender politischer Kräfte, die doch durch eine gemeinsame Suche nach einer humanen Zukunft verbunden waren; die Orientierung am Lernen um seiner selbst willen.

Zweifellos gibt es auch heute in Israel, wie in anderen Ländern, eine große Zahl von Lehrern, welche eine engagierte Arbeit leisten, und es gibt eine große Zahl von Schulen, die als Vorbereitungsfeld für ein demokratisches Leben gelten können. Es sind in Israel auch einige Vorbedingungen für die Überwindung einer nur am Unterricht orientierten Schule geschaffen worden, wie zum Beispiel die Einrichtung von Stellen für Sozialarbeiter und Schulpsychologen an den meisten Schulen — Voraussetzungen, von welchen die Schulsysteme in einigen der entwickeltsten Industriegesellschaften noch weit entfernt sind. Dennoch gewinnt der Besucher Israels den Eindruck, daß die Schulen im ganzen von den bekannten Merkmalen eines bürokratisierten Bildungssystems bestimmt werden, wie zum Beispiel:

- Schulen scheinen weitgehend isoliert zu sein von der Familie, der Nachbarschaft und der Gemeinde;
- die Lehrer, welche als Schlüsselfiguren jeder Erziehungsreform gelten müssen, werden insbesondere im Sekundarschulwesen eher als Spezialisten für wissen-

schaftliche Disziplinen denn als Spezialisten für den pädagogischen Prozeß ausgebildet;

— die Orientierung des Lehrens richtet sich jedenfalls in den oberen, auf die Prüfung zuarbeitenden Klassen eher auf Gegenstände als auf den Jugendlichen und eher auf Bücher, Noten und Zeugnisse als auf die Förderung des Denkens.

Diese Merkmale sind international zu beobachten. Sie bringen jedoch für Israel eine spezifische Problematik, indem hier der Widerspruch entstehen kann, daß die sehr differenzierte und gleichzeitig progressive Zielsetzung einer egalitären Bildungspolitik durch die Anwendung einförmiger und relativ konventioneller Mittel gestört wird. Diese Störung wird z. B. sichtbar an dem Fehlen von Experimenten, deren Basis die Schule und deren Träger der Lehrer sein könnten. Andere Beispiele sind die Einheitlichkeit der staatlichen Vorgaben für das Curriculum, die eine flexible Gestaltung und eine den besonderen Bedingungen der Interaktion zwischen Lehrern und Schülern entsprechende Vielfalt des curricularen Angebots unmöglich machen. Man gewinnt manchmal den Eindruck, daß die besonderen Anstrengungen der Pioniersituation, die zu einer Vielfalt origineller Lösungen im wirtschaftlichen und sozialen Bereich geführt haben, die Menschen so überanstrengt haben, daß man danach, eigentlich gegen die eigene Intention gerichtet, zu ganz konventionellen Mitteln greift und in die Routine eingespielter Formen verfällt.

Es bleibt für den ausländischen Beobachter immer wieder schwer verständlich, warum die Versuche, insbesondere vor der Staatsgründung, das allgemeine Schulwesen stärker von den Errungenschaften der Kibbuz-Erziehung beeinflussen zu lassen, später nicht mehr unternommen wurden, oder warum nicht wenigstens der Kibbuz-Erziehung ein eigener, der Abitur-Prüfung gleichwertiger — nicht gleichartiger — Abschluß ermöglicht wurde. Der Sieg der konventionellen europäischen Schule gehört zu den Überraschungen für jeden ausländischen Beobachter der heutigen pädagogischen Szene.

Hieraus ergeben sich unter anderem die folgenden Fragen:

— Wie können Schulen etwas von jenem Potential der Einheit von Erziehung und Leben zurückgewinnen bzw. entwickeln, das sie in die Lage versetzt, in eigener Autorität die Formen des Lehrens, Lernens und der Partizipation neu zu definieren? In welchem Ausmaß könnte hier eine gezielte Anregung von Experimenten im Schulwesen hilfreich sein?
— Wie können Lehrer auf ihre Rolle als Erzieher und insbesondere auf den differenzierten Umgang mit jenen Unterschieden in Fähigkeiten, Einstellungen und kognitiven Strukturen vorbereitet werden, welche für eine heterogene Schulbevölkerung kennzeichnend sind? In welchem Ausmaß könnte hier eine Verstärkung der erziehungspraktischen sowie erziehungs- und sozialwissenschaftlichen Anteile in der Lehrerbildung hilfreich sein? Was könnte insbesondere geschehen, um die erziehungswissenschaftliche Ausbildung und die erziehungspraktische Erfahrung von Anfang an unmittelbar miteinander zu verklammern?

Ein weiterer Fragenkomplex betrifft das Problem des Orientierungsrahmens für eine Integration durch Bildung. Wenn man Erziehung und Bildung als Teil einer vielseitigen Auseinandersetzung zwischen Statusgemeinschaften um Herrschaft, um ökonomischen Vorteil und um soziales Prestige betrachtet, so ergibt sich für Israel grob gesprochen folgende Situation: die Integrationspolitik hat das Ziel, die Chancen der Bevölkerungsgruppe orientalischer Herkunft zu verbessern; das wird dadurch erschwert, daß gerade die Bevölkerung orientalischer Herkunft eine Sehnsucht nach westlichen Zivilisationsformen zeigt, die kaum mit den realen Interessen identisch sein dürfte.

Die Macht der Definition für Kriterien der Leistung sowie für Muster der Bildung und Identität liegen freilich eindeutig bei den Vertretern der von den ashkenasischen Juden europäischer Herkunft bestimmten Kultur, welche im wesentlichen das Establishment bildet. Der Gedanke kultureller Pluralität steht immer wieder im Gegensatz zu den Tendenzen der Durchsetzung eines staatlich kontrollierten Einheitslehrplans und eines entsprechenden einheitlichen Schultyps. Es ist kein Zweifel, daß dadurch gerade das jüdische Volk wesentliche Elemente seiner kulturellen Vielfalt auf die Dauer verliert. Wieweit ein solcher Verlust notwendig ist, um die Integration zu erreichen, bleibt ein offenes Problem.

Im Augenblick ist die Situation dadurch gekennzeichnet, daß der Orientierungsrahmen für die kulturelle Integration von der dominanten Kultur bzw. deren Vertretern bestimmt wird. Diese Situation kann nicht zuletzt dann problematisch sein, wenn die Mitglieder der dominanten Kultur, wie es in Israel der Fall ist, in zunehmendem Maße zahlenmäßig in die Minderheit geraten. Die Lösung des Problems eines möglichen Kulturkonflikts scheint dabei nicht nur die Prinzipien der Gleichheit in einer demokratischen Gesellschaft zu berühren. Vielmehr betrifft sie gleichzeitig die Frage des internen sozialen Friedens, dann nämlich, wenn sich die Vertreter der orientalischen Kultur dauerhaft als unterrepräsentiert oder gar entfremdet empfinden sollten.

Daher fragen wir:

— Müssen Inhalte des Lernens sowie die Formen des Lehrens, Lernens und der Partizipation neu definiert werden, damit das Bildungssystem angemessen auf die Bedürfnisse, Motivationen und Chancen der orientalischen Einwanderer reagieren kann? Wie ernst nimmt das israelische Bildungssystem die möglichen Beiträge aus den Kulturen der orientalischen Bevölkerungsmehrheit?
— Was kann getan werden, um der am sephardischen Judentum orientierten Bevölkerungsmehrheit einen stärkeren kulturellen Einfluß zu ermöglichen, z. B. im Bereich der Rekrutierung von Lehrern (hier ist im Grundschulbereich schon viel erreicht worden) und anderem professionellen Erziehungspersonal sowie im Bereich der Rekrutierung politischer und administrativer Führungskräfte?

In seinen Anstrengungen und in vielen seiner Errungenschaften für eine Demokratisierung der Bildung übertrifft Israel im ganzen gesehen die meisten anderen Länder. Dies mag darauf zurückzuführen sein, daß eine umfassende Bildung für alle zu den Grundbedingungen des Überlebens von Israel gehört und daß eine dauerhafte Ungleichheit zwischen ethnisch unterschiedlichen Gruppen, die jedoch ein- und demselben Volk, ein- und derselben Nation angehören, die Rechtfertigung eines jüdischen Staates in Frage stellen würde. Damit mag auch die einhellige Unterstützung einer egalitären Bildungspolitik durch alle politischen Kräfte in Israel zusammenhängen.

Unterschiedliche Konzepte von Integration und Gleichheit sowie die Doppelrolle der Integration als Mittel wie als Ziel der Bildungspolitik führen notwendig zu Spannungen. Diese werden sich vermutlich in dem Maße verschärfen, in dem der überwiegend als Kulturkonflikt definierte Konkurrenzkampf zwischen den verschiedenen Bevölkerungsgruppen von dem Betroffenen selbst mehr und mehr als ein Klassenkonflikt wahrgenommen wird. Dabei kommt den Entscheidungen und Wirkungen der Bildungspolitik eine zentrale Bedeutung für die Zukunft der Demokratie in Israel zu. Da die Grundlagen dieser Entscheidungen durchaus kontrovers sind, bedarf es offensichtlich einer breiten demokratischen Meinungsbildung, wenn die jeweiligen Lösungsversuche nicht allein den Ministerialbürokratien überlassen werden sollen.

Eben dies scheint freilich in Israel gegenwärtig eine konkrete Gefahr zu sein. Die politischen Parteien sind sich über die grundsätzliche Unterstützung einer egalitären Bildungspolitik vollkommen einig; zugleich verhalten sich Parlament und politische Parteien im Hinblick auf eine sinnvolle und akzeptable Definition der Ziele sowie hinsichtlich der Diskussion und Entscheidung über die angemessenen Mittel und Wege einer Verwirklichung dieser Gleichheitspolitik völlig abstinent. Das Fehlen von Schulkritik führte fast automatisch zu einem Fehlen des politischen Interesses an der Schule. Offensichtlich haben die Parteien Mühe, den politischen Rang bildungspolitischer Entscheidung zu begreifen und in ihre tägliche Arbeit einzubeziehen. Das könnte sich zum Zeitpunkt einer außenpolitischen Entspannung ändern. Ohne ein bildungspolitisches Engagement der Parteien, insbesondere auf der lokalen Ebene, ist die Chance gering, daß alternative Lösungsversuche erprobt werden, und zwar nicht nur auf Initiative individueller Außenseiter, sondern als Grundlage einer differenzierten staatlichen Bildungsplanung.

Im Vergleich zu europäischen Erfahrungen fällt auf, daß das bildungspolitische Engagement nicht nur bei den Parteien, sondern auch bei den Arbeitgeberverbänden und Gewerkschaften sowie bei den Lehrerverbänden gering ist. In Schweden z. B. hat der Arbeitgeberverband eine entscheidende Rolle bei der Bildungsreform gespielt, in der Bundesrepublik Deutschland pflegt seit mehr als zwei Jahrzehnten die Lehrergewerkschaft zu fast allen bildungspolitischen Einzelfragen Stellung zu nehmen. Hinter dem Nichtengagement der politischen Parteien steht offenkundig ein Mangel an Einsicht in den politischen Rang der Bildungsprobleme. Wir fragen uns, ob nicht eine gewisse Politisierung der Diskussion über Bildungsprobleme notwendig wäre, damit die bildungspolitischen Entscheidungen stärker mit dem vitalen demokratischen Prozeß verknüpft werden.

Die Frage nach Erziehung und Demokratie in Israel schließt notwendig die Frage nach der Stellung der arabischen Bevölkerung innerhalb des Staates Israel (ohne besetzte Gebiete) ein. Sind die innerhalb der grünen Linien lebenden Araber gleichberechtigte Bürger des Staates Israel? So gestellt, würde die Frage vermutlich von jedem israelischen Politiker bejaht werden, mit der Einschränkung, daß die Araber wegen ihrer ethnischen Herkunft von der Wehrpflicht ausgenommen seien. Es ist kein Zweifel, daß das arabische Bildungswesen seit der Gründung des Staates Israel erheblich ausgebaut worden ist und daß es den Arabern innerhalb Israels wirtschaftlich und sozial besser geht als in den meisten umliegenden arabischen Staaten. Die Araber Israels vergleichen sich aber nicht mit diesen, sondern mit ihren jüdischen Mitbürgern. Daher muß die Frage erneut gestellt werden, ob die arabische Bevölkerung innerhalb Israels einen gleichberechtigten demokratischen Status hat. Dieses ist eine entscheidende politische Frage, aber auch eine Frage des Erziehungssystems.

Der Staat Israel wurde bei seiner Gründung entgegen den Wünschen mancher Zionisten als jüdischer, nicht als bi-nationaler Staat konzipiert. Auch die jüdischen Anhänger eines bi-nationalen Staates konnten in der damaligen arabischen Umwelt keinen Partner finden. Es ist nicht unsere Aufgabe, diese Entscheidung für einen jüdischen Staat unter allgemeinen Gesichtspunkten zu diskutieren; aber wenn man diese Entscheidung akzeptiert, müssen die Araber den klaren Status einer gleichberechtigten ethnischen Minderheit besitzen.

Das bedeutet für das Bildungswesen, daß die israelischen Staatsbürger arabischer Volkszugehörigkeit in den Möglichkeiten der Lehrplangestaltung, der Unterrichtsorganisation, des Aufstiegs zu den Hochschulen gleichgestellt sein müssen mit den israelischen Staatsbürgern jüdischer Herkunft. Unter den gegebenen Bedingungen kann eine derartige Gleichstellung nur dadurch gewährleistet werden, daß dem arabischen Schulwesen Selbstverwaltung gewährt wird, die natürlich die Anerkennung des Staates Israel durch die arabische Minderheit voraussetzt. Es müßte z.B. über die Lehrpläne und die Textbücher eine rein arabische Kommission entscheiden, es müßte das Erziehungswesen unter arabischer Leitung stehen (im Augenblick ist der Leiter des arabischen Erziehungswesens im Kultusministerium ein israelischer Staatsbürger jüdischer Herkunft), es müßte der finanzielle Aufwand für das Bildungswesen auf der Grundlage der Gleichberechtigung erfolgen.

Bei der Gründung des Staates Israel war das arabische Bildungswesen sozial rückständig und es war notwendig, die Lehrmittel von antisemitischen Texten zu reinigen. Der notwendige Lehrmittelbedarf wurde zunächst unter Übersetzung hebräischer Schulbücher ins Arabische erfüllt. Die israelische Verwaltung hat aber inzwischen erkannt, daß dieses in Geschichte und Sozialkunde, aber auch in den angewandten Aufgaben der Mathematik, zu einer Entfremdung der Araber von ihrer eigenen Kultur führen müßte. Der hebräische Poet Bialek auf arabisch war offenbar keine sinnvolle Lektüre für arabische Schulkinder. Die Entwicklung eigenständigen Lehrmaterials hat begonnen; aber auch hier muß man berücksichtigen, daß die kulturelle Situation der Araber, die vormoderne Struktur der Familie, die Entwicklung von Lehrbüchern für arabische Bürger des Staates Israel schwierig macht.

Es kommt heute darauf an, die Entwicklung eigenständigen Lehrmaterials energisch weiterzuführen, damit auf diese Weise eine Grundlage für ein eigenständiges arabisches Bildungswesen innerhalb Israels geschaffen wird.

Die Spannung zwischen arabischem Unterricht und jüdisch beaufsichtigter Unterrichtsverwaltung wurde besonders sichtbar nach der Besetzung größerer arabischer Gebiete nach dem 6-Tage-Krieg. Dort erlaubte die jüdische Besatzungsmacht die Weiterführung der Lehrpläne der Arabischen Liga und den Erwerb in Jordanien bestätigter Zertifikate, die zum Studium an den arabischen Universitäten berechtigten, während den innerhalb der Staatsgrenzen lebenden Arabern diese Examina verschlossen sind. Zwar öffnen die Abschlußexamina der Sekundarschulen die Möglichkeit zum Studium an den israelischen Universitäten, und gerade die Universität Haifa hat hier bewußt eine Politik der Öffnung für arabische Studenten betrieben, doch ist deren Verbindung zur arabischen Wissenschaft praktisch abgeschnitten. In diesem Zusammenhang stellt sich die Frage, ob nicht zur Selbstverwaltung für das arabische Bildungswesen innerhalb der grünen Linien Israels der Aufbau einer arabischen Universität gehören würde. Gerade wenn die Palästinenser, in welcher Form auch immer, zu einer stärkeren Autonomie oder Eigenstaatlichkeit gelangen, wird es für die Zukunft der internationalen Stellung Israels ausschlaggebend sein, welche eigenständige kulturelle Rolle innerhalb Israels den Arabern zugebilligt wird. Daß hierbei als Basis nur die vollständige Gleichberechtigung dienen kann, dürfte im Rahmen der israelischen Demokratie selbstverständlich sein.

Schwierig ist in diesem Zusammenhang die Frage der Erziehungsziele. Die Unterschiede arabischer und jüdischer Kultur sind so groß, daß eine eigenständige arabische Erziehung im Rahmen eines israelischen Staates möglich gemacht werden sollte. Es ist selbstverständlich, daß ein israelischer Staatsbürger arabischer Herkunft auch etwas über Israel wissen muß. Ein klarer Minderheitenstatus hat nur zur Folge, daß im Unterricht in allen Fächern klar sichtbar werden sollte, welches arabische und welches jüdische Kulturelemente sind.

Auch in Europa glückt es nicht immer, klare Modelle für ein Minderheitenschulwesen zu entwickeln. In der Bundesrepublik Deutschland ist dieses Problem bei den dänischen Minderheiten mit ihren dänischen Schulen erfolgreich und zu allseitiger Zufriedenheit gelöst, ebenso für die deutschen Minderheiten in Dänemark. Ungelöst ist die Behandlung der Bildungsfragen im Hinblick auf die erst allmählich als Einwanderer wahrgenommenen ausländischen Arbeitnehmer in der Bundesrepublik Deutschland, insbesondere die 1.160.000 Türken.

Der Wunsch der Araber, innerhalb des Staates Israel auf ihrem Siedlungsgrund wohnen zu bleiben, ist die Basis für die Notwendigkeit einer klaren Minderheitenpolitik. Inwieweit es dem Staat Israel gelingt, eine vorbildliche Bildungspolitik für Minderheiten zu entwickeln, könnte von lehrreicher Bedeutung für die ganze Welt werden. Selbstverständlich ist die Frage des Erziehungs- und Bildungssystems für die arabische Bevölkerung nicht die einzige Frage, die sich hier stellt. Die sozialen, wirtschaftlichen und politischen Rahmenbedingungen sind mindestens so entscheidend. Es kommt darauf an, daß der Status einer voll gleichberechtigten ethnischen Minderheit auch unter dem Gesichtspunkt der Berufserwartungen und der politischen Stellung im Staat so entfaltet wird, daß das Erziehungswesen nicht — wenn es erfolgreich ist — zusätzliche Frustrationen erzeugen kann. Daß das gerade für einen neuen Staat, dessen Existenz in seiner Umwelt noch nicht anerkannt ist, besonders schwierig ist, muß ausdrücklich festgestellt werden.

Ein besonderer Unterschied zwischen der arabischen und der jüdischen Erziehung in Israel ist, daß für die arabische Erziehung der Gedanke der Integration einfach unnötig ist. Die arabische Bevölkerung ist in sich integriert; ein Bestandteil ihrer Erziehung muß auf das Zusammenleben mit einer anderen Kultur in einem Staat gerichtet sein. Aber das integrative Element, das für die jüdische Erziehung in Israel so wichtig ist, kann für die arabische Bevölkerung entfallen. Andererseits sollten ganz konkrete Benachteiligungen, die im Augenblick auch dem flüchtigen Beobachter auffallen, z. B. der Mangel an Sport- und Kunsterziehung und die Unangemessenheit des Sozialkundeunterrichts für die arabische Bevölkerung, so schnell wie möglich beseitigt werden. Erst wenn diese Benachteiligungen ausgeglichen sind, kann das Bildungssystem für die Araber in Israel zu einem Beispiel für die demokratische politische Existenz einer Minderheit werden. Die Erwartungen der internationalen Öffentlichkeit an Israel in dieser Frage sind besonders ausgeprägt, weil die Juden durch zwei Jahrtausende in der ganzen Welt unter der Einschränkung ihrer kulturellen Eigenständigkeit durch die jeweils herrschenden Volksgruppen gelitten haben. Wir gehen davon aus, daß die Entfaltung des arabischen Schulwesens in Israel auch international zu einem Prüfstein für die Demokratie in Israel und für das Ansehen Israels bei den arabischen Staaten werden kann.

4. Erziehung und Verwaltung

Bürokratisierung und Verrechtlichung des Bildungswesens wie der meisten Dienstleistungsbereiche der modernen Gesellschaft können als eine universelle Entwicklung gelten. In Israel wird diese Entwicklung aufgrund einiger spezifischer Faktoren verstärkt und in Richtung einer Zentralisierung gelenkt: Erstens ist Israel ein junger Staat, und die nationbildende Funktion des Staates verstärkt die Bedeutung der zentralen Instanzen. Zweitens umfaßt Israel eine äußerst heterogene Gesellschaft, und der Staat wurde hier weitgehend als eine neutrale bindende Instanz definiert, die als einzige in der Lage ist, die notwendige Integrationsleistung zu vollbringen. Drittens läßt sich im Bereich des Bildungswesens und der Bildungspolitik nach der Staatsgründung eine Tendenz zur Entideologisierung sowie zum Rückzug der politischen Parteien aus der Bildungspolitik feststellen; diese Entwicklung hat die Bedeutung der Ministerialbürokratie verstärkt. Schließlich ist Israel ein sehr kleines Staatswesen, und man kann häufig das Argument hören, daß in einem Staat von der Größe einer Großstadt die Nachteile einer Zentralisierung anders einzuschätzen sind als zum Beispiel in den modernen Massengesellschaften. Der ausländische Besucher des israelischen Erziehungsministeriums ist überrascht über die Fülle personalpolitischer Detail-Entscheidungen, für die das Ministerium unmittelbar zuständig ist.

Komplexe Systeme — und das Bildungswesen ist gewiß ein solches — können offenbar weder zentralistisch noch rein dezentral geordnet werden. Sie bedürfen einer zentralen und zugleich einer vor Ort möglichst autonomen Organisation. Die Organisationssoziologie hat uns gezeigt, daß die Veränderungen, die komplexe Systeme innerhalb der modernen Gesellschaft zu leisten haben, nur dann möglich sind, wenn ein Zusammenspiel zwischen zentralen Richtlinien und lokaler, regionaler oder institutioneller Selbständigkeit möglich ist. Hinzu kommt, daß die Teilnahme am demokratischen System, die nur durch Wahlen in größeren Abständen erfolgt, für den mündigen Bürger immer unbefriedigender wird. Lediglich die partizipatorische Mitgestaltung im überschaubaren Rahmen führt zu einer Befriedigung seines demokratischen Bewußtseins. Repräsentative Demokratie im Parlament und partizipatorische Demokratie in den Institutionen (z.B. in der Wirtschaft, im Krankenhaus, im Wohnblock, in der Schule) müssen sich ergänzen, wenn Verwaltung nicht in Leerlauf ausarten und zugleich der Bürger nicht die Vorstellung der Teilhabe am staatlichen Handeln verlieren soll.

Deshalb dürfen staatliche Macht und demokratische Teilhabe, Zentralisierung und dezentrale Autorität keinesfalls als einander ausschließende Gegensätze aufgefaßt werden. Es ist vielmehr umgekehrt eine paradoxe Erscheinung in allen modernen bürokratisierten Gesellschaften, daß die Freiheit selbst geplant werden muß, daß dezentralisierte Autorität und dezentrale Handlungsspielräume nur auf der Grundlage von Entscheidungen geschaffen, ermutigt und gestützt werden können, welche auf der zentralen Ebene der Gesetzgebungsinstanz des Parlaments gefällt und auf der zentralen Ebene der Exekutive (des Staates bzw. der Regierung) durchgesetzt werden können. Dementsprechend richtet sich unsere Frage darauf, ob und bis zu welchem Grade im Rahmen des staatlichen Bildungssystems Bedingungen geschaffen worden sind, welche geeignet sind, dezentrale Verantwortung auf der Ebene der Gemeinde, insbesondere aber auf der Ebene der einzelnen Schule, zu gewährleisten.

In diesem Zusammenhang ist auf eine Besonderheit des israelischen Bildungssystems hinzuweisen: Bereits im zweiten Erziehungsgesetz des Staates Israel (1953) wurde festgelegt, daß 25% des Curriculums von der einzelnen Schule unter Mitwirkung der Elternschaft bestimmt werden können. Der gesetzlichen Gewährleistung einer autonomen Planung eines Teils des Curriculums durch die einzelne Schule steht freilich die Tatsache gegenüber, daß die Einführung der vorgeschlagenen Curricula einer umständlichen, bürokratischen Prozedur unterliegt. Praktisch ist dieser Handlungsspielraum, wenn man von der Kibbuz-Schule absieht, sehr wenig ausgenützt worden. Die Ursachen für diese Entwicklung sind sehr komplex. Der ausländische Beobachter bedauert, daß diese 25% nicht dazu genutzt werden, der Vielfalt der jüdischen Kultur stärkeren Ausdruck zu geben.

Im Vergleich zur Praxis in anderen Ländern fällt dem ausländischen Beobachter der ausgesprochen einheitliche und verpflichtende Charakter der Curricula in Israel auf; dies gilt trotz der in den letzten Jahren deutlichen Tendenzen zu größerer Vielfalt.

Die internationalen Erfahrungen legen nahe, anstelle eines einheitlichen Curriculum, das den jeweiligen personalen, regionalen und lokalen Gegebenheiten nicht genügend Rechnung tragen kann, curriculare Sequenzen anzubieten, die in engerer Zusammenarbeit mit den Lehrern entwickelt werden müssen. Die Curricula für die verschiedenen Schulen sollten nicht unbedingt gleich*artig,* sondern gleich*wertig,* mit stärkeren Auswahlmöglichkeiten für Lehrer, ausfallen. In diesem Zusammenhang müßten dann Planrichtlinien statt ausführlicher Lehrpläne angeboten werden. Diese internationale Tendenz entwickelte sich nach dem offensichtlichen Scheitern der umfassenden amerikanischen Großcurricula. Diesen Erfahrungen ist in Israel noch nicht hinreichend Rechnung getragen worden. Die im Blick auf lokale Initiativen eher hemmende Wirkung des einheitlichen Curriculum mag dazu beitragen, daß die freien 25% nicht genutzt worden sind, obwohl das Erziehungsministerium selbst einige Vorschläge dafür ausgearbeitet hatte.

Es gibt in der israelischen Bildungsgesetzgebung keine Regelungen für eine Mitwirkung bzw. Mitbestimmung von Eltern oder Schülern im Schulwesen; die Beteiligung der Betroffenen an Belangen der Schule, sei es im Bereich des Curriculum oder in anderen Fragen, sind daher formal nicht abgesichert und haben dementsprechend keine Tradition gewonnen. Auf diese Weise hat die Ministerialbürokratie einen alles bestimmenden Einfluß behalten. Man kann vermuten, daß die Inanspruchnahme der Jugend durch den langen Militärdienst und der Öffentlichkeit durch den ständigen außenpolitischen Druck der Entfaltung partizipatorischer Demokratie im Bildungswesen entgegenstand. Das könnte sich im Zusammenhang einer Friedensregelung allmählich verändern.

Eine der wichtigsten Ursachen für die geringe Nutzung der freien Anteile des Curriculum dürfte in der Tatsache liegen, daß es im Bereich des Bildungswesens nur ein sehr geringes Engagement sowohl der wirtschaftlichen Interessengruppen als auch der politischen Parteien in Israel gibt. Diese Tatsache ist insbesondere im Hinblick auf die Gewerkschaft sowie auf die Arbeiterparteien deshalb erstaunlich, weil die politische Entwicklung der letzten Jahre deutlich zu deren Ungunsten gelaufen ist und weil das Bildungssystem einen jener Bereiche darstellen könnte, in welchem jene Interessengruppen und Parteien einen wirksamen Einfluß zugunsten der Betroffenen ausüben könnten.

Die heutige bildungspolitische Zurückhaltung der Arbeiterparteien und der Gewerkschaft überrascht auch deshalb, weil sich die zionistische Arbeiterbewegung vor der Staatsgründung durch hohes bildungspolitisches Engagement ausgezeichnet und in vielen Einzelaktionen das Gedankengut der europäischen Schulreformbewegung aufgenommen hat.

Die ursprüngliche Funktion der freien Anteile des Curriculum war eine Schutzfunktion für die religiös orientierte Bildung und Erziehung in einer Zeit, als die Arbeiterpartei im jungen Staat Israel eine eindeutige Mehrheitsposition hatte. Der Verzicht der Arbeiterparteien, ihren vor Staatsgründung bestehenden Trend im Schulsystem aufrechtzuerhalten, hing offensichtlich mit der Überzeugung zusammen, daß der Einfluß der Arbeiterparteien und der Arbeiterbewegung langfristig stark genug sein würde, um im Rahmen des „allgemeinen" (im Unterschied zum religiösen) staatlichen Schulsystems einen entsprechenden Einfluß zu haben. Die innenpolitischen Entwicklungen der letzten Jahre — einerseits die allgemeine Parteienverdrossenheit und die Konzentration auf die Nöte des Alltags angesichts wirtschaftlicher Rezession und extremer Inflationsraten, andererseits die deutliche Stärkung der national-konservativen und der national-religiösen Kräfte — hatten diese Erwartung allerdings enttäuscht, so daß sich heute die Fragen der Vielfalt von Bildungsprogrammen und das Problem des Minderheitenschutzes neu stellen.

Die Expansion des Bildungswesens hat in Europa wie in Amerika eine starke Erhöhung des Elterninteresses und des Elterneinflusses an den Schulen erzeugt. Die Verwandlung eines eliteorientierten Schulwesens in ein Bildungssystem für alle hat die Vorbestimmung der Bildungslaufbahn durch schichtenspezifische Faktoren des Schulwesens verringert und zugleich mit der Öffnung des Bildungswesens zu einer verstärkten Konkurrenzsituation geführt. Gerade diese Konkurrenzsituation hat vielfältige Initiativen von Eltern und Elterngruppen in den hochindustrialisierten Staaten veranlaßt. Auch die Wertediskussion hat von der Sexualkunde über die Geschichte bis zur Sozialkunde die Elternanteilnahme an der Schulpolitik mobilisiert. Es bleibt daher überraschend, daß politische Parteien und Gruppen in Israel relativ unabhängig von der Anregung und Ermutigung unterschiedlicher basis-demokratischer Aktivitäten arbeiten und daß praktisch kaum auf die Ausnutzung formal gegebener dezentraler Handlungsspielräume gedrängt wird. Auch die Lehrerverbände verstehen sich offensichtlich eher als zentrale, vor allem auf Gehaltsfragen konzentrierte, standespolitische Interessenvertretungen denn als Anreger und Träger bildungspolitischer und pädagogischer Reformen.

Es steht dem ausländischen Beobachter nicht zu, aus solchen einzelnen Symptomen die allgemeine Schlußfolgerung zu ziehen, das staatliche Handeln in Israel sei insgesamt vom Muster obrigkeitsstaatlicher Autorität bestimmt. Alle Formen des modernen Verteilungsstaates zeigen derartige Tendenzen. Im Falle Israels ist diese Entwicklung insofern nicht selbstverständlich, als sie einen Bruch gegenüber der Tradition einer von den verschiedenen Gruppen und Parteien wesentlich bestimmten Periode politischen und pädagogischen Handelns vor der Gründung des Staates Israel darstellt. Dies gilt, um neben dem freien Anteil des Curriculum ein weiteres

Beispiel zu wählen, auch für die Frage weitergehender Schulversuche; die Kibbuzim, aber auch die Kinder- und Jugenddörfer sowie die verschiedenen Formen der Heimerziehung sind bis heute Zeugen einer experimentierfreudigen Pädagogik. Der heutige Besucher Israels gewinnt demgegenüber den Eindruck, daß im Rahmen des staatlichen Schulsystems wenig Experimente stattfinden; sie könnten sich z.B. auf die Reform der Bildungsverwaltung im Sinne einer Förderung dezentraler Verantwortung und Partizipation der Betroffenen oder auf die innere Schulreform beziehen. Er fragt sich, nachdem er die geringe Nutzung der freien Anteile des Curriculum zur Kenntnis genommen hat, welche Anstrengungen die zentralen Instanzen des nunmehr bürokratisch institutionalisierten Bildungssystems unternehmen, um dezentrale Innovation zu fördern. Er fragt weiter, welche zentralen Instanzen Schulversuche auf der dezentralen Ebene anregen und begleiten, ob eine systematische Verbindung zwischen der Bildungspolitik und der Bildungsforschung besteht und wie sie funktioniert.

Vielleicht war es nötig, den Preis einer gewissen schulpolitischen Rigidität für den Aufbau des jüdischen Staates zu zahlen. Um so wichtiger könnte es werden, langsam den Raum für die in der jüdischen Gesellschaft vorhandene kulturelle Vielfalt im Erziehungssystem zu öffnen. Das Verhältnis von Zentralisierung und Dezentralisierung, von staatlicher Verwaltung und Beteiligung der Bürger an den einzelnen Institutionen sowie zwischen Einheitlichkeit und Vielfalt ist über die hier angesprochenen Beispiele hinaus von entscheidender Bedeutung für ein sich demokratisch verstehendes Bildungswesen; das Vertrauen in die Wirksamkeit einmal getroffener Entscheidungen und einmal etablierter Institutionen reicht vermutlich nicht aus, um die außerordentlichen sozialen und erzieherischen Probleme einer modernen Gesellschaft wie Israel zu lösen. Dreißig Jahre israelischer Staatlichkeit unter schwerstem außenpolitischen Druck haben Integrationsbemühungen erforderlich gemacht, die vermutlich nur zentral gesteuert werden konnten; die mittlerweile gelungene Konsolidierung von Staat und Gesellschaft macht es möglich und sinnvoll, die zentrale staatliche Planungskompetenz abzubauen und den einzelnen gesellschaftlichen Gruppen einen größeren Einfluß einzuräumen.

5. Erziehung und Berechtigungswesen

Dem auswärtigen Besucher Israels fällt vor allem die Tatsache auf, daß sich die religiöse Erziehung in der Jeschiwa und die nicht religiös bestimmte Gemeinschaftserziehung im Kibbuz, die zu den großen pädagogischen Errungenschaften des Judentums zählen, deutlich vom herkömmlichen Berechtigungswesen europäischen Stils abheben, wie es die Sekundarschulen und die Universitäten eingeführt haben. Dennoch waren Kibbuz-Schulen und Jeschiwa bislang auf das allgemeine staatliche Bagrut (Abitur) als einzigen formalen Abschluß angewiesen. Das hatte zur Folge, daß entweder die Kibbuz- und Jeschiwa-Schüler Schwierigkeiten hatten, eine Universität zu besuchen, oder daß sie relativ früh die besonderen Merkmale ihrer Lebensform aufgeben mußten, um den Anschluß an die Oberstufe der Sekundarschule und die Universität zu finden.

Wir begegnen in Israel Problemen, die uns aus unseren eigenen Ländern bekannt sind. Alternative Schulen, die vom Herkömmlichen abweichen, vom englischen Summerhill bis zu den dänischen Tvind-Schulen, von den Montessori-Schulen bis zu den Rudolf-Steiner-Schulen, haben Mühe, sich in das traditionelle Berechtigungssystem einzufügen. Aber während es sich in Europa bei den alternativen Schulen um bewußt abweichende pädagogische Einrichtungen handelt, wird in Israel spezifischen pädagogischen Lebensformen, wie sie aus der Pionieraufgabe in Israel oder aus dem jüdischen Denken erwachsen sind, die Möglichkeit erschwert, zu Abschlüssen zu gelangen, die den traditionellen Berechtigungen des Bagrut analog sind. Es besteht keine Verbindung zwischen dem traditionellen Examenssystem der Universität und den religiösen Studien an den Jeschiwot; es besteht auch keine Möglichkeit, die Einheit von Leben, Arbeit und Lernen in der Kibbuz-Erziehung in die Abschlüsse der Sekundarschule umzusetzen, d. h. andersartige, aber gleichwerte Kriterien für „Hochschulreife" zu entwickeln und anzuregen.

In der modernen Pädagogik wird der Gedanke der Lernmotivation vielfach erörtert. Es ist eine weit verbreitete Erkenntnis, daß die Verbindung von Lernen und Arbeit, von Lernen mit emotionaler Motivierung bessere Lernerfolge einbringt. Insofern antworten Kibbuz wie Jeschiwa, so unterschiedlich sie sein mögen, auf bestimmte Fragen der modernen Pädagogik in einer eindrucksvollen Weise. Aber nun kommt das überraschende Ergebnis: sie stehen außerhalb des offiziellen Systems, das die rigide Leistungskontrolle der europäischen Schulen, vor allem französischer und deutscher Tradition, in das israelische System überträgt. Die Frage, die den ausländischen Besucher in diesem Zusammenhang bewegt, ist daher nicht nur darauf gerichtet, ob „abweichende" Qualifikationen und Abschlüsse möglicherweise nicht staatlich anerkannt werden, sondern darauf, warum diese pädagogisch eindrucksvollen Lernmodelle einen offenbar so geringen Einfluß auf das allgemeine Schulwesen ausüben. Daß Kibbuzim und Jeschiwot ihrerseits gewisse Tendenzen zur Abschottung gegenüber der Gesamtgesellschaft und gegenüber dem allgemeinen staatlichen Bildungswesen zeigen, genügt zur Erklärung des Dilemmas nicht.

Dabei ist nun besonders folgendes schwer zu verstehen: Während wir in Europa seit Jahrzehnten eine umfassende kritische Literatur über die Fragwürdigkeit unserer Leistungsmessung haben, während die Frage „Was ist Leistung, und wie messen wir sie?“ in der wissenschaftlichen Diskussion eine große Rolle spielt und das relativ Unzureichende unseres Meßsystems langsam ins allgemeine Bewußtsein tritt, wird traditionelle Leistungsmessung in Israel trotz der eindrucksvollen Erfahrungen mit anderen Formen des Lernens offenbar mit voller Naivität angewandt. Dies gilt trotz der Abschaffung des „Seker“ (eine Art Mittlerer Reife), da dieses Ausleseinstrument beim Übergang in die akademisch orientierte Oberstufe durch interne Leistungskontrollen ersetzt worden ist und trotz der gegenwärtigen Diskussion über eine Modifizierung der Abitur-Prüfung. Es muß allerdings hervorgehoben werden, daß man in Israel vom 30. Lebensjahr an ohne Abitur studieren kann, wenn man eine einfache psychologische Prüfung besteht. Nach dem Ausscheiden aus dem aktiven Berufsleben darf jeder ohne Prüfung studieren.

Natürlich gibt es auch in Israel einzelne Reformschulen, einzelne Freie Schulen, die versuchen, unabhängig ihre Wege zu gehen; aber trotz der Tradition des Lernens um seiner selbst willen besteht ein sorgfältig ausgebautes Berechtigungswesen, das von den Anfängen der Schule bis in den Abschluß der Universität hineinreicht, ja man kann sagen, in der Universität sogar besonders ausgestaltet ist. Es ist sehr unwahrscheinlich, daß in Israel jemand aufgrund freier wissenschaftlicher Leistung und einiger guter theoretischer Arbeiten Professor wird, wenn er nicht zum Beispiel in den Sozialwissenschaften die Fülle der Nachweise empirischer Forschung erbracht hat. „Publish or perish“ scheint nach wie vor ein wichtiges Auswahlprinzip für den akademischen Nachwuchs zu sein. Ein relativ rigider Ausleseprozeß bestimmt die israelische Universität, bei der einem sehr zweifelhaft ist, ob Freud oder Einstein dort hätten Professor werden können.

Dem ausländischen Beobachter stellen sich dabei folgende Fragen: Ist das traditionelle Zensurensystem, wie es unter Berufung auf die Universitäten von den Sekundarschulen ausgeübt wird, vielleicht notwendig in einer Gesellschaft, die auf technologische Effektivität angewiesen ist, weil sie in einer so schwierigen Situation der Selbstbehauptung und des Überlebens sich befindet, oder beruht dieses rigide System auf dem Mißverständnis, daß die unzureichende Kontrolle kognitiver Fortschritte geeignet sei, wirkliche Qualität zu erzeugen? Ein stärkeres Mißtrauen in den objektiven und prognostischen Wert von Zensuren würde dem Stand der erziehungswissenschaftlichen Erkenntnis besser entsprechen. Der Abbau nationaler Standardisierungen in der Sekundarstufe unterscheidet sich bereits vorteilhaft von den nationalen Standardisierungen einzelner europäischer Länder.

In diesem Zusammenhang könnte man sogar fragen, ob die Tatsache, daß so viele Juden Israel nach einiger Zeit wieder verlassen, nicht auch damit zusammenhängt, daß das Auswahlsystem der Sekundarschule und der Hochschule nicht die Freiheit amerikanischer gesellschaftlicher Aufstiegsmöglichkeiten zuläßt, dafür aber in der Hochschätzung akademischer Grade die Vereinigten Staaten noch weit übertrifft. Im Unterschied zu den amerikanischen Universitäten fällt in Israel der erstaunliche Mangel an künstlerischer Erziehung an den Hochschulen auf sowie die Gefahr, daß bereits der BA professionalisiert wird und nicht als eine Art allgemeinbildender Einführung verstanden werden kann wie in der Regel in den Vereinigten Staaten. Warum erstreben ehemalige Offiziere amerikanische akademische Titel, anstatt ihre intellektuellen Fähigkeiten unmittelbar der Arbeit im Lande zuzuwenden?

Man kann in Israel alten Männern begegnen, die erfüllt sind von der täglichen Arbeit am Talmud in der Jeschiwa und die im Alter ein lernerfülltes Leben verbringen. Man kann andererseits sehen, daß junge Menschen nach Abschluß ihres dreijährigen Militärdienstes ein streng geregeltes Studium abschließen und sich darüberhinaus in der Entfaltung ihres Lebens einschränken, um noch weitere akademische Grade zu erwerben. Dabei wäre nach dieser intensiven Militärdienst- und Arbeitsperiode ein Stück freier Lebenserfahrung für die Entwicklung ihrer Persönlichkeit wahrscheinlich förderlich. Die Zufälligkeit vieler Bewertungen liegt offen zutage. Es ist auch sehr merkwürdig, daß trotz aller weltweiten Literatur über den geringen Prognosewert von Schulzeugnissen das Schulzeugnis und seine Noten eine sehr große Rolle spielen, und man fragt sich manchmal, ob Israel die Chance, sich von dem europäischen Laufbahnsystem wirklich freizumachen, hinreichend genutzt hat und ob nicht doch, auf dem Wege über die Schulzeugnisse, über das Bagrut (Abitur), über akademische Examina, höchst fragwürdige Standardisierungen in eine Gesellschaft einziehen, die damit wenig für ihre wirkliche Aufgabenstellung gewinnt.

Eine besondere Rolle spielen in diesem Zusammenhang die Universitäten. Die Tatsache, daß die Hebräische Universität Jerusalem eine Art Patenschaft für die neuen Universitäten, zum Beispiel für Tel Aviv, Haifa und insbesondere Bersheva, übernommen hat, führt dazu, daß die Bewertungskriterien dieser Universität, teils nach preußischen, teils nach amerikanischen Maßstäben, nun auch in den anderen Universitäten übernommen werden. Das hat zum Teil sehr bedenkliche Folgen.

Es ist für einen jungen Akademiker häufig wichtiger, die nötige Anzahl von Aufsätzen und empirischen Arbeiten zusammenzubringen, als an der regionalen Aufgabe, die gerade die neuen Universitäten erfüllen müßten, mitzuarbeiten. Die Rolle der Universitäten in der Weiterbildung gilt eigentlich als ein unakademisches Amüsement, obwohl in Wahrheit das Land dieser von den Universitäten getragenen Weiterbildung dringend bedarf.

Die englischen und amerikanischen Universitäten kennen diese Form der Weiterbildungsarbeit seit langem. In der Bundesrepublik Deutschland wird sie vermutlich eine zunehmende Rolle spielen, je mehr mit dem Rückgang der Studentenzahl ab 1985 die Universitäten Überkapazitäten erhalten.

Um einem naheliegenden Mißverständnis vorzubeugen, möchten wir feststellen, daß die unglückliche Imitation der Hebräischen Universität nicht etwa auf einem besonderen Druck oder einer besonderen Manipulation von Jerusalem her beruht, sondern es ist das soziologisch leicht zu begründende Phänomen, daß die anerkannte und seit langem vorhandene Universität, ob sie es will oder nicht, eine Steuerungsfunktion ausübt, die an anderen Stellen unter anderen Verhältnissen als in Jerusalem dann zu sachfremden Ergebnissen führt.

Die israelischen Universitäten haben das Prinzip der Einheit von Forschung und Lehre, auch von Forschung und Lernen, noch weitgehend in seiner traditionellen Form zu erhalten versucht. Der Humboldtsche Gedanke, daß der Wissenschaftler ein Forscher ist, beherrscht die Universitäten immer noch, obwohl in einem Lande, in dem 20 Prozent eines Jahrgangs eine Universitätsausbildung erhalten und 30 Prozent irgendeine Form von höherer Bildung durchlaufen, die Universität längst nicht mehr auf Forschung, sondern vor allem auf einen

Beruf vorbereiten oder eine Einführung in allgemeine Bildung anbieten sollte. Hier gibt es nun eine merkwürdige Verbindung zwischen der jüdischen Idee des Lernens um des Lernens willen und der traditionellen Vorstellung von Universität als einer nicht berufsvorbereitenden Einrichtung.

In diesem Zusammenhang wird die künftige Organisation des BA zum Schlüsselproblem. Es sollte ganz klar werden, daß eine zu starke Professionalisierung des BA-Examens im Widerspruch zu den Aufgaben der Universität in einer modernen Gesellschaft steht, die u. a. einen allgemeinen wissenschaftlichen Horizont bietet, der auch für den wichtig sein wird, der nicht in einem akademischen Beruf tätig werden kann. In allen Altersstufen besuchen Menschen die israelischen Universitäten, um einen Anteil am geistigen Leben zu erwerben, dessen Nutzen für den Beruf durchaus zweifelhaft ist. Diese an sich erfreuliche Entwicklung schlägt sich aber nicht nieder in der Struktur der Universitäten, die immer noch die äußere Organisationsform der kleinen, überschaubaren Universität behalten haben und rein organisatorisch mit den Massen, die sie zu bewältigen haben, schlecht fertig werden.

Bei einer Analyse dieses Zustandes scheint es uns zweifelhaft, ob die Schwierigkeiten der Verwaltung der Universität auf zu viel Partizipation zurückgehen, wie einige meinen. Wir würden im Gegenteil annehmen, daß die Partizipation im Augenblick zu einseitig bei den Lehrenden liegt und daß es darauf ankäme, in der Universität Formen des modernen Managements mit einer stärkeren Entscheidungsbeteiligung auch der Studierenden zu verbinden, so daß die Universität eine unmittelbare Antwort auf die Nöte der Studierenden darstellt.

Der europäische oder amerikanische Besucher, der in

seinem Heimatland an den unüberwundenen Chinoiserien der Universitätsverwaltung leidet, ist natürlich überrascht, diesen unverändert unter den Bedingungen eines so neuen Staatswesens zu begegnen, mit dem man die Hoffnung verbindet, daß sie einen von dem Alptraum der Umständlichkeit traditioneller Universitätsverwaltung befreien könnte.

Die Tatsache, daß die jungen Leute afro-asiatischer Herkunft zwar mehr als die Hälfte eines Jahrgangs ausmachen, aber immer noch nur einen relativ kleinen Prozentsatz der Universitätsstudenten, hängt mit den Auswahlkriterien zusammen und mit den ganzen Schwierigkeiten der Eingliederung dieser Bevölkerungsgruppen, die aus einem anderen sozio-kulturellen Milieu stammen. Sie hängt aber auch damit zusammen, daß die Universität europäische Standards und europäische Lernformen weiterführt, ohne sich darüber Gedanken zu machen, ob sie damit den Vorbedingungen dieser Menschen gerecht wird. Auch wenn gelegentlich Standards gesenkt wurden, stellt das keine Änderung des Systems dar.

Israel gehört zu den Ländern mit der höchsten Quote des relativen Hochschulbesuchs. Diese erfreuliche Entwicklung sollte keinesfalls dazu führen, daß durch die Betonung traditioneller Leistungskriterien und rigider Leistungsmessungen die Zahl der Studierenden zurückgeschraubt oder der Zugang erschwert wird. Daneben wäre wohl nötig, den die Universität besuchenden Studenten einen stärkeren Einfluß auf die Ausbildung einzuräumen, damit diese ihren Bedürfnissen besser entgegenkommen kann. Die von vielen sicher begrüßte Ruhe im Leben der israelischen Universität, die durch keine Studentenbewegung erschüttert wurde, hat in diesem Sinne wohl auch ihre Nachteile.

Die Universität gilt in Israel als die oberste Spitze des Bildungswesens. Vielleicht wäre es realistischer, wenn neben der Universität die über die Sekundarschule hinaus weiterführenden Ausbildungsformen zu praktischen Berufen deutlicher als gleichwertig herausgestellt würden. Die Prägung des vorstaatlichen Yishuv durch die Vertreter der europäischen Kultur, die bis zur Staatsgründung die Mehrheit der jüdischen Bevölkerung bildeten — und auch nach Staatsgründung die Kultur des modernen Israel maßgeblich bestimmt haben — hat dazu geführt, daß eine gewisse Überschätzung der akademischen Ausbildung das Leben bestimmt. Entweder müßten die Universitäten selbst stärker in die allgemeine Weiterbildungsfunktion eingeschaltet werden oder man müßte versuchen, das Ansehen der Einrichtungen, die die berufliche Weiterbildung durchführen, und die berufliche Ausbildung im Vergleich zu den Universitäten zu heben.

Dabei stellt sich die Frage, ob das übliche Zensurensystem in diesem Fall besonders geeignet ist und ob nicht besser eine mehr beschreibende Wertung anstelle der herkömmlichen Leistungsmessungen treten könnte. Diese Frage betrifft nicht Israel allein; die Gleichwertigkeit des Lernens für die berufliche Bildung und in der allgemeinbildenden Schule ist ein Weltproblem. Auch die Notwendigkeit, anstelle von Zensierungen mit Zahlen, die häufig recht falsche und prognoseunwirksame Aussagen enthalten, einen beschreibenden Text zu erstellen, der deutlicher zeigt, durch welche Lernvorgänge der Beschriebene hindurchgegangen ist, wird heute in der ganzen Welt diskutiert.

Jedem auswärtigen Besucher Israels fällt insbesondere auf, daß die Jugendlichen in ihrer Entwicklung einer Fülle von Streßsituationen ausgesetzt sind, die nicht nur ihre kognitiven, sondern gerade auch ihre sozial-emotionalen und berufspraktischen Fähigkeiten und ihre Fähigkeit zu Kooperation und Solidarität herausfordern. Infolgedessen stellt sich die Frage, warum die Schulen nicht Bewertungssysteme entwickeln, die alle diese Eigenschaften in ihre Bewertung einbeziehen. Es ist interessant festzustellen, daß die Vorschläge der „Shild-Kommission“ zur Modifikation der Abitur-Prüfung in diese Richtung weisen. Das bedeutet nicht, daß das Bewertungssystem nun versuchen sollte, den „Charakter“ in das schon hinreichend fragwürdige herkömmliche Notensystem einzubeziehen. Es geht um die Frage, ob ein beschreibender Text die Fähigkeit zu Kooperation, die Fähigkeit, auch unter widrigen Umständen seine Arbeit weiterzuführen, oder die Fähigkeit, anderen in der Arbeit zu helfen, nicht besser zum Ausdruck bringen könnte. Eine Schule, die nicht nach abstrakten formalen Standards arbeitet, sondern Menschen befähigen will, in der modernen Welt zu leben und sie auszuhalten, sollte solche Bewertungssysteme entfalten. Wir glauben auch, daß in dem Bewertungssystem der Universität kooperative Arbeiten, auch in der Magister- und in der Doktorprüfung, stärker anerkannt werden sollten. Die Rückführung auf die individuelle Leistung widerspricht dem Stand der Wissenschaft auf vielen Gebieten, und die Formen unserer Examen stehen in einem offenen Widerspruch zu den Anforderungen, die die Gesellschaft eigentlich stellt. Dieses allgemeine Problem wird in Israel durch die Pioniersituation in Verbindung mit der politischen Bedrohung der Sicherheit besonders deutlich.

Die Krankheit der Diplome und der Zensuren wird in der ganzen Welt heute kritisch diskutiert. Der Beobachter des israelischen Bildungswesens spürt die Chance, unter den einmaligen Bedingungen des israelischen

Neuaufbaus dieses ungelöste Problem der Alten Welt vielleicht früher, besser und zukunftsträchtiger gelöst zu sehen, als es bisher anderswo gelungen ist.

Im internationalen Vergleich nimmt das israelische Schulsystem (hier unter Absehung vom Hochschulsektor) unter dem Aspekt des Berechtigungswesens und der Auslese gegenwärtig eine mittlere Position ein. Verglichen mit den traditionellen Schulsystemen Mitteleuropas (insbesondere mit Frankreich), ist das Auslesesystem in den Schulen Israels sicher als weniger rigide einzustufen; auch der hervorgehobene Status von „Eliteschulen" ist in Israel — trotz der Existenz einiger, insbesondere privater Gymnasien mit besonderem Renommee (z.B. das Bet Sefer Reali) — wenig auffällig. Besonders aber hat die Durchsetzung einer horizontalen, gesamtschulartigen Organisation des Schulsystems den Auslesecharakter der Schule wesentlich abgeschwächt, jedenfalls den Zeitpunkt der Auslese weiter als in allen traditionellen Schulsystemen hinausgeschoben.

Verglichen mit den nun schon länger bewährten Gesamtschulsystemen in USA oder Schweden ist das israelische Schulsystem allerdings noch immer vom traditionellen Bewertungssystem und seiner förderungsfeindlichen Wirkung abhängig. Die geistige Elite des Landes ist in der älteren Generation vom europäischen Auslesesystem bestimmt und daher geneigt, dessen Einschränkung als Veränderung des kulturellen Umfeldes zu analysieren. Der ausländische Beobachter fragt sich dagegen, ob nicht die Belebung des jüdischen Gedankens, daß man um des Lernens selbst willen lernt, zum Abbau der unerwünschten Folgen des traditionellen Zensuren- und Auslesesystems beitragen könnte. Die ältere Generation in Israel empfindet das derzeitige Bildungssystem als einen kulturellen Abstieg. Diese Empfindung teilt sie nicht nur mit ihrer Generation in fast allen Industriestaaten der Welt, sondern historisch gesehen mit der Haltung fast aller älteren Generationen gegenüber den jüngeren in der europäischen Geistesgeschichte seit dem späten Mittelalter. Es wäre besonders unglücklich, wenn sich diese Empfindungen in einer Rigidität des Auslesesystems niederschlagen würden, denn dadurch würden die Möglichkeiten der Entfaltung von Kreativität und kultureller Vielfalt erst recht eingeschränkt.

6. Erziehung und Beschäftigungssystem

In der ganzen Welt hat sich in den letzten 50 Jahren eine in der Geschichte einmalige Expansion des Erziehungswesens vollzogen. Die Zuteilung einer gesellschaftlichen Position, die früher durch Geburt erfolgte und durch Ausbildung eigentlich nur bestätigt wurde, ist inzwischen abhängig vom Grade der Ausbildung geworden. Das Bildungswesen ist für alle geöffnet und dadurch in einer ganz anderen Weise als früher Gegenstand offenen Konkurrenzkampfes. Wenn alle alles lernen können und wenn die Begabungsunterschiede durch vielerlei Maßnahmen verringert werden können — von der kompensatorischen Erziehung bis zu ökonomischen und sozialen Hilfen aller Art —, dann besteht ein Widerspruch zwischen der traditionellen Pyramide unseres Beschäftigungssystems und den egalitären Möglichkeiten unseres Bildungssystems. Von diesem Widerspruch ist natürlich auch Israel nicht frei, und auch Israel ist gezwungen, neue Wege zur Auflösung dieses Widerspruchs zu suchen.

Einige Faktoren erleichtern die Überwindung dieses Widerspruchs in Israel. Die Einkommensdifferenzen sind aufgrund einer entsprechenden Steuergesetzgebung geringer als in den hochkapitalistischen Staaten. Natürlich gibt es auch in Israel keine gleichen Einkünfte für jedermann, aber nicht etwa nur im Kibbuz, wo eine Art von gemeinsamer sozialistischer Produktion, Verteilung und Verwaltung von Gütern herrscht, sondern in der israelischen Gesellschaft als Ganzes sind die exzeptionell hohen Einkommen auf einen sehr geringen Personenkreis beschränkt. Die Ausbildung in sich macht noch keine sehr großen Einkommensunterschiede, und die Tatsache, daß die Frauen in sehr viel höherem Maße als in westlichen Industriestaaten berufstätig sind, führt dazu, daß eine Kombination von Einkünften des Mannes und der Frau in den Familien einen Gesamtlebensstandard schafft, dessen interne Differenzierungen geringer sind als z. B. in der Bundesrepublik Deutschland, in Frankreich oder Amerika.

Andererseits verbindet sich auch in Israel mit der akademischen Ausbildung der unausgesprochene Anspruch auf einen akademischen Beruf. Die universale Tatsache, daß sehr viel mehr Menschen eine akademische Ausbildung erhalten, als im herkömmlichen Sinn akademische Karrieren möglich sind, führt häufig zu einer Abwanderung in andere Länder. Dieses Problem wird sich vermutlich in absehbarer Zeit verändern, weil die sogenannte Überproduktion an Akademikern ein Weltproblem darstellt und daher gar kein Grund besteht, von einem Land mit diesem Problem in ein anderes Land mit demselben Problem auszuweichen. Auch in Israel wird man sich daran gewöhnen, daß akademische Vorbildung eben unter Umständen auch in nichtakademischen Berufen eine Hilfe sein kann. Insofern nähert sich Israel bereits den Gepflogenheiten in USA. Dem kommt in Israel entgegen, daß die Lerntradition des Landes und ihr ursprünglich zweckfreier Charakter die Anpassung an diese Situation erleichtern. In der jüdischen Tradition ist das Lernen Teilnahme an einer geistigen Welt, und diese Form des Lernens kann auch an der Universität geübt werden.

Das setzt allerdings voraus, daß die Universität nicht mehr primär Forscher auszubilden sucht. Die Universität steht also unter dem Gesichtspunkt des Verhältnisses von Bildungssystem und Beschäftigungssystem vor der schwierigen Aufgabe, einerseits gegenüber der alten Forschungsuniversität Humboldtscher Prägung eine bessere berufsbezogene Ausbildung zu geben, andererseits für alle die, die den akademischen Beruf nicht erreichen, ein Stück Humboldt in der besonderen jüdischen Form, nämlich der Anteilnahme am Geistigen ohne beruflichen Ertrag zu vermitteln. Dieses scheinbare Paradox ist eines der wichtigsten Probleme im Verhältnis von Bildungssystem und Beschäftigungssystem.

Das zentrale Problem in den Beziehungen zwischen Bildungssystem und Beschäftigungssystem ist die berufliche Bildung. Sie bedeutet heute in allen Industriestaaten Vorbereitung auf eine berufliche Situation, die in 15 Jahren — in Israel wie anderswo — auf jeden Fall anders sein wird, als sie jetzt ist. Deswegen erfordert sie sehr viel Bemühung um die Entwicklung allgemeiner Lernfähigkeit; darunter kann die Ausbildung technischer Fertigkeiten für die unmittelbare Anwendung unter Umständen leiden. Ausbildung, die die Fähigkeit entwickelt, immer neuen Arbeitssituationen gewachsen zu sein, ist nicht notwendig identisch mit der Ausbildung zur Perfektion im Augenblick. Die berufliche Bildung steht überall vor der Schwierigkeit, ihre langfristigen und ihre kurzfristigen Ziele methodisch zu verbinden.

Die Frage, wieweit die israelische Berufsbildung diese allgemeinen Fähigkeiten vermittelt, immer Neues zu lernen, wenn die jeweilige berufliche Situation es erfordert, wird in den kommenden Jahren immer mehr in den Vordergrund treten. Sie ist umso schwieriger zu lösen, als das israelische Berufsbildungswesen unter sozialen Gesichtspunkten sehr stark ausgebaut wurde, andererseits die Verbindung zu seinem eigentlichen Abnehmer, nämlich der Wirtschaft, nur sehr locker organisiert ist.

Es besteht außerdem die Gefahr, daß die Ausdehnung des Berufsschulwesens in Richtung einer Vermittlung stärker theoretischer Fächer in der Praxis zu einer Ausdehnung der Ausleseformen des akademisch orientierten Sekundarschulwesens auf die Berufsbildung führen könnte. Vielleicht könnte in dieser Beziehung ein Ausbau des Lehrlingswesens helfen. Das setzt aber eine entsprechende Mitwirkung der Wirtschaft, insbesondere der Industrie, voraus.

Das berufliche Schulwesen, insbesondere auch die Berufsbildung innerhalb der Internatsschulen, hat sich in Israel seit Ende der fünfziger Jahre erheblich entwikkelt. Trotzdem hat die berufliche Bildung als Ganzes auch im internationalen Vergleich in Israel noch nicht die Stellung erlangt, die ihr zukommt. Das hängt vielleicht damit zusammen, daß zunächst die Pionierexistenz selbst Berufsbildung war und infolgedessen die Entwicklung berufsbildender Einrichtungen gar nicht möglich oder notwendig war.

Die ersten Siedler haben ihre Erfahrungen an Ort und Stelle unter schweren Opfern erworben. Sie wurden durch die Praxis gebildet. Den frühen Pionieren bedeutete Arbeit eine Art Ersatz für Religion bzw. Teil einer weltanschaulichen Orientierung, die mit der Emanzipation des Diaspora-Judentums zu tun hatte. Die Arbeit war so eng mit der geistigen und politischen Aufgabenstellung des Zionismus verbunden, daß sie auch nicht als entfremdete Arbeit empfunden wurde. Diese Situation hat sich gründlich verändert. Ein entwickeltes Staatswesen wie Israel ist mit der uns vertrauten Erscheinung der Arbeitsteilung und der entfremdeten Arbeit konfrontiert und braucht daher den Ausbau der beruflichen Bildung.

Man kann auch feststellen, daß die Bedeutung des

Betriebes als Lernort noch nicht hinreichend erkannt ist; ebenso sind die Möglichkeiten, Schule und Betrieb im berufsbildenden Lernprozeß so zu verbinden, daß sie im Ergebnis zusammenwirken, noch nicht entwickelt. In Israel wird heute über angeblich fehlendes Arbeitsethos geklagt. Die Berechtigung dieser Klage ist für den Ausländer schwer zu beurteilen; auf jeden Fall hängt die Entwicklung von Arbeitsethos auch mit der Verbindung praktischer und theoretischer Erfahrung, der Kooperation beruflicher Bildung im Betrieb mit schulischer Bildung zusammen; gerade das heutige Lernsystem im Rahmen einer bürokratisierten Schule ist wenig geeignet, dieses Arbeitsethos zu entwickeln und zu fördern.

Als ein Symptom des geringen Stellenwerts der beruflichen Bildung in Israel fällt dem ausländischen Besucher auf, daß es in diesem Bereich so gut wie kein Engagement der Universitäten gibt; es fehlen z. B. Lehrstühle für Berusbildung und für Erwachsenenbildung. Dabei betrifft die Didaktik der beruflichen Bildung einen sehr viel größeren Teil der Bevölkerung als die Didaktik der höheren Schule. Diese Tatsache legt den Schluß nahe, daß dieser Zweig des Bildungswesens offensichtlich nicht in der Weise eingeschätzt wird, wie es der Bedeutung der Arbeitswelt entspricht.

Ein besonderes Problem auch des Verhältnisses von Erziehungs- und Beschäftigungssystem in Israel ist die immer noch vorhandene kulturelle Benachteiligung der orientalischen Einwanderer. Gerade diesen Volksgruppen fallen dann die weniger beliebten Arbeiten zu, die sogenannten niederen Tätigkeiten, was in bedenklicher Weise an das Verhalten mancher europäischer Völker ihren Gastarbeitern gegenüber erinnert.

Gegenwärtig tendiert die überwiegende Mehrzahl der Schüler „orientalischer“ Herkunft zur Wahl beruflicher

Schulen, während die Mehrzahl der übrigen Schüler in die akademisch orientierte Sekundarschule drängt. Damit entsteht eine Spaltung des Schulwesens, die nicht nur die Lernziele und -inhalte, sondern auch die ethnische Zusammensetzung der Schülerschaft betrifft. Es wäre nötig, schon in der Gesamtschule dafür Sorge zu tragen, daß die Gleichwertigkeit und wechselseitige Ergänzungsbedürftigkeit von beruflicher und allgemeiner Bildung betont wird. Die Übergangsmöglichkeiten zwischen den je selbständigen Institutionen der allgemeinen und beruflichen Bildung sollten verbessert werden. Die berufliche Bildung kann nicht nur unter dem Gesichtspunkt der unmittelbaren fachlichen Effizienz, sondern sollte auch unter dem Gesichtspunkt einer breiten Praxiserfahrung sowie der Ermöglichung weiteren Lernens betrieben werden. Im Blick auf die jüngste Schulreform in Israel, durch welche die Phase der gemeinsamen Schulbildung aller Schüler auf neun Jahre ausgedehnt worden ist, besteht für eine derartige Entwicklung eine außerordentlich günstige institutionelle Grundlage.

Man hat jedoch manchmal den Eindruck, daß in Israel die alte europäische Trennung von „hoher" Allgemeinbildung und „niederer" Berufsbildung auch unter den neuen gesamtschulartigen Strukturbedingungen noch nicht überwunden ist. Dabei zeigt die Erziehungswissenschaft in den letzten Jahrzehnten deutlich, daß jede berufliche Bildung ein Stück Allgemeinbildung vermittelt, selbst wenn es unbewußt geschieht, und die Allgemeinbildung an Substanz verliert, wenn sie nicht zugleich ihren praktischen Bezug hat. Das Problem wird nicht dadurch erleichtert, daß sich in Israel innerhalb der beruflichen Bildung, ähnlich wie in anderen Industriestaaten, eine eigene Prestige-Hierarchie ausgebildet hat, in der Berufsbildungswege von sehr hohem Prestige sich von weniger beliebten und ausgesprochen unbeliebten Berufslaufbahnen abgrenzen.

Die alte Unterscheidung von Bildung und Ausbildung hat heute ihren Sinn verloren. Dementsprechend kann auch kein Rangunterschied zwischen allgemeiner und beruflicher Bildung mehr bestehen. Es ist evident, daß für die Wirklichkeit des Landes Israel akademische und berufliche Bildung gleichen Rang, d.h. gleiche moralische Qualität haben. Dem könnte auch in den Organisationsformen Rechnung getragen werden. Die Schwierigkeiten im Übergang von einer Überbewertung akademischer Bildung zu einer Gleichberechtigung beruflicher und allgemeiner Bildung teilt Israel mit den europäischen Kulturstaaten. Es könnte die Chance eines neues Staates sein, die Hemmungen überalterter Bildungssysteme schneller zu überwinden, als das in Europa der Fall war. Ansatzpunkte dafür finden sich an vielen Stellen.

7. Erziehung und nationale Identität

Es scheint zunächst vermessen, daß Ausländer, die mit Bewunderung und Respekt das israelische Erziehungswesen beobachtet haben, etwas über nationale Identität und ihre Rolle im israelischen Bildungswesen sagen. Aber man kann schwer das israelische Bildungswesen analysieren, ohne auf diese Frage einzugehen. Ob es um die Schule oder die Universität, um die Armee oder den Kibbuz, um die Jugendalya oder die Erwachsenenbildung geht, die Frage der nationalen Identität begegnet einem überall.

Außerdem kommen wir als Ausländer, die ihre eigenen Probleme mit ihrer nationalen Identität haben: Wie steht es für die amerikanische jüngere Generation mit der nationalen Identität nach Vietnam und Watergate? Wie steht es um die englische nationale Identität nach dem Ende des Empire? Wie steht es gar um die nationale Identität der Deutschen, nachdem ihnen ihre Geschichte Grund zu tiefer Scham gibt und nachdem Deutschland heute und vielleicht auf immer politisch geteilt ist? Hinzu kommt für die westliche Welt die Auflösung der Einheit von Denken, Glauben und Verhalten durch die Entwicklung der modernen Gesellschaft seit der Aufklärung. Dadurch ist zwar modernes nationalstaatliches Denken möglich geworden, zugleich aber durch das bekannte Problem der Dialektik von Aufklärung die bindende Kraft von Werten in Zweifel gezogen worden. Es ist eine offene Frage, ob es für den modernen Menschen überhaupt bindende Werte gibt, die die Erziehung vermittelt, oder nur Wertangebote, zwischen denen er zu wählen hat. In vielen Ländern stehen wir auf dem Standpunkt, daß Religion, ursprünglich einmal der Kernbestandteil der Erziehung, heute nur dann Bestandteil staatlicher Bildung sein kann, wenn sie als reines Angebot, als eine Möglichkeit erscheint, die dem Einzelnen eine Entscheidung öffnet, ihn aber nicht verpflichtet. In allen islamischen Ländern dagegen ist die Religion nicht etwas, was man sich aussucht, sondern worin man steht. Gerade der Gedanke der Religion als Angebot liegt dem islamischen Bildungswesen vollkommen fern.

Flüchtige Beobachtungen des israelischen Bildungswesens könnten zu der Vorstellung führen, daß in Israel ein kleinerer Teil der Bevölkerung die nationale Identität mit der jüdischen Religion verbindet, die überwiegende Mehrheit aber gerade diese Verbindung ablehnt. Welche Wertvorstellungen verbinden danach diese beiden Teile der Bevölkerung und welche Vorstellungen nationaler Identität? Eine sorgfältigere Betrachtung zeigt dann freilich, daß der Bibelunterricht auf der säkularen Schule, der zugleich Geschichte, Politik, Erdkunde, Sozialkunde vermittelt, ohne die religiöse Tradition nicht gegeben werden könnte, selbst wenn er in sich selbst ein nicht-religiöser Unterricht ist. Für das Judentum bilden Religion und Nation eine Einheit, unabhängig von der Tatsache, in welchem Grade der einzelne gläubig ist. Nur eine Minderheit der israelischen Juden würde sich selbst als gläubig bezeichnen. Trotzdem gibt es in Israel keine weltliche Eheschließung. Für manchen christlichen Beobachter ist eine Religion, die vom Glauben des einzelnen unabhängig ist, oft schwer zu verstehen.

Ist die Frage nach nationaler Identität eigentlich überhaupt noch eine angemessene Frage? Viele Deutsche, aber auch andere Europäer und manche Amerikaner, würden heute ohne weiteres sagen, daß sie es für zweifelhaft halten, ob sie überhaupt eine nationale Identität besitzen, daß sie dem, was man nationale Identität nennen könnte, eher ablehnend oder gar verzweifelt gegenüberstehen. Gerade die deutsche Geschichte kennt neben dem nationalistischen Exzeß die geistige und politische Tradition des Weltbürgertums. Solange Israel unter der ständigen Drohung der Zerstörung lebt, entsteht die nationale Identität sozusagen von selbst. Sollte dieser ständige Druck einem wie auch immer gearteten Frieden weichen, wird sich die Frage der nationalen Identität neu stellen. Für den Deutschen nach Hitler stellt sich die Frage nach dem Verhältnis seiner nationalen und seiner internationalen Identität. Aus ganz anderen Gründen kann sich eine ähnliche Frage auch für Juden stellen. Auch für den in Israel geborenen und in Israel lebenden Juden besteht ein hohes Maß von Solidarität mit dem internationalen Judentum.

Das Bewußtsein nationaler Identität vermittelt den jungen Israelis neben den Schulen vor allem die Armee. Der ständige nationale Existenzkampf macht die Besinnung auf nationale Identität zum notwendigen Bestandteil militärischer Ausbildung. In diesem Zusammenhang darf auch die große soziale Leistung der Armee beim Ausfüllen von Lücken der schulischen Bildung nicht unterschätzt werden.

Der Europäer ist geneigt, jüdische Identität in den letzten 100 Jahren mit den Namen Marx, Freud, Einstein und Kafka zu verbinden. Die Einstein-Feiern des Jahres 1979 haben gezeigt, welch eine vielfältige Resonanz Einstein als menschliche Gestalt und als wissenschaftlicher Wegbereiter im heutigen Israel findet. Für die drei anderen Genannten läßt sich das nicht in diesem Maße sagen. Sozialistische Haltung in Israel ist pragmatisch und nicht mit Theorieauseinandersetzungen verbunden. Die Psychoanalyse spielt eine viel geringere Rolle als in Amerika oder Deutschland oder selbst in Frankreich. Und die tägliche Selbstverteidigung des Landes macht es schwierig, sich mit der Wehrlosigkeit des Lebens am Abgrund bei der Person Kafkas und in seinen Werken zu identifizieren. Vielleicht spielt auch eine Rolle, daß alle vier trotz der Verehrung, die sie in Amerika genießen, europäische Figuren sind und Israel ein im Orient liegender Staat. Ein auch bei Marx zu findender Grundgedanke bestimmt allerdings das Bewußtsein der nationalen Identität im israelischen Bildungswesen in hohem Maße: die Vorstellung, daß richtig gedachte Utopien auch realisierbar sind. Ein Grundbestandteil der israelischen nationalen Identität ist die Erfahrung des Holocaust, die in Schule und Armee, aber auch in der nationalen Gedenkstätte Yad Waschem vermittelt wird. Der Holocaust bildet den ständigen Beweis, daß das Judentum ohne eigenen Staat vom Untergang bedroht ist. Die ältere Generation der jüdischen Bürger Israels ist in ihrem nationalen Empfinden durch den Holocaust geprägt, der jüngeren wird er erst durch Bildung lebendige Grundlage ihrer nationalen Identität.

Die israelische nationale Identität steht unter einer doppelten Fragestellung:

(1) nach der gleichzeitigen Identität als Jude, d.h. als Mitglied des in allen Teilen der Welt lebenden jüdischen Volkes (Diaspora), und als Israeli, d.h. als Bürger des Staates Israel, und
(2) nach dem Zusammenleben mit den Arabern in demselben Staat.

Hinzu kommt die Schwierigkeit, daß nationale Identität in Israel nicht dasselbe bedeutet wie in irgendeinem Staat, ein spezifisches Nationalgefühl neben vielen anderen. Vielmehr meint es Identität in einem Staat, der sich selbst als eine besondere Aussage gegenüber der Menschheit als Ganzes versteht, als ein Beitrag zur Zivilisation der Welt von paradigmatischer Bedeutung. Gerade deshalb ist es nötig, die Frage der nationalen Identität mit in unsere Betrachtung einzubeziehen.

Die Frage nach der Identität enthält die Frage nach der Geschichte. Die jüdische Geschichte ist nicht nur eine Geschichte von Vertreibungen, Vernichtungen, Hoffnungen und neuen Aufbrüchen, sie ist auch eine Geschichte von politischen Entscheidungen, die ihre eigene Ambivalenz haben. Die Aufklärung und die Emanzipation der Juden, der Schritt in die Assimilation, haben vielfältigen kulturellen Reichtum über die Welt gebracht. Die Assimilation erscheint trotz der Chancen einer kulturellen Selbstverwirklichung unter dem Gesichtspunkt der Geschichte der Vertreibung und der Vernichtung der Juden als ein falscher Weg. Für jeden Europäer verbinden sich trotzdem mit der Assimilation große geistige Ereignisse seiner eigenen Geschichte. Das Verströmen des jüdischen Volkes in der Assimilation und in ihren großen kulturellen Leistungen, die Wiedersammlung im Zionismus in der Gründung des Staates Israel und das neue Bewußtsein der jüdischen Diaspora, die weiß, was Israel ist, und die Israel hilft, obwohl sie nicht dorthin geht, das alles sind Faktoren, die zur jüdischen nationalen Identität gehören. Das Beispiel Israels steht in der Frage der Werte, der Frage der nationalen Identität und der Umstrittenheit der Stellung der Religion für diese nationale Identität wie ein Paradigma für die ganze Welt, die diese Probleme nicht löst, aber vielleicht ihrer Lösung näherkommen kann, wenn sie die Konzentration dieser Fragestellung auf kleinem Raum in Israel beobachtet.

Das großartigste Beispiel der Wiedergewinnung nationaler Identität in Israel ist die Belebung und Weiterentwicklung des Hebräischen als nationale Sprache. Wenige Menschen hätten das für möglich gehalten, wenn man es ihnen als theoretische Frage vorher vorgelegt hätte. Zur hebräischen Sprache treten Religion und kulturelles Erbe als konstitutive Elemente nationaler Identität hinzu, aber auch die Situation der offenen Festung, die dieser Staat inmitten einer seit seiner Gründung feindlichen Umwelt annehmen mußte.

Jeder Satz, der versucht, die Vorstellung der Israelis von ihrer eigenen nationalen Identität in Worte zu fassen, wird in diesem differenzierten und individualistischen Volk auf zahlreiche Widersprüche stoßen. Einheitliche Vorstellungen sind in Israel nicht zu formulieren, ohne zugleich präzise Widersprüche hervorzurufen. Trotzdem möchten wir folgende Feststellung wagen: Die Zehn Gebote und die Erziehung zur Toleranz gegen andere sind die Basis der ethischen Erziehung in Israel. Die Ideale von Freiheit und Sozialismus erscheinen dabei nicht als Alternativen, sondern sie stehen bereits in der zionistischen Tradition in einer ganz besonderen Verbindung: Weder die Freiheit westlicher Prägung allein, wie sie Amerika geprägt hat, noch der Sozialismus der kommunistischen Staaten sind die Ideale dieses Landes, sondern Freiheit *und* Sozialismus, nicht als gegensätzlich, sondern als voneinander abhängig empfunden, sind grundsätzliche Wertentscheidungen, die hinter diesem Staat stehen. Die Dialektik, das Spannungsverhältnis, das innerhalb dieser Wertvorstellungen jüdische Religion, Aufklärung und Zionismus geschaffen haben, die Art und Weise, wie sie ständig in Zweifel gestellt und doch auf sich genommen und gelebt werden: eben das können die Menschen, die ihren eigenen Wertvorstellungen immer resignierter gegenüberstehen, von Israel lernen. Unser Eindruck ist, daß die israelische Erziehung die Wertfrage sieht, sie sich immer wieder stellt und bereit ist, die Komplexität des Wertproblems in unserer Zeit auf sich zu nehmen. Es ist eine ganz andere und für das Überleben von Israel sicher entscheidende Frage, ob es gelingt, eine derartige Orientierung an doch wohl universalistischen Werten auch im Alltag des öffentlichen Handelns in Staat und Gesellschaft zur Geltung zu bringen.

In diesem Zusammenhang muß erneut auf die Araberfrage hingewiesen werden. Die Frage, ob ein jüdischer Staat fähig ist, eine große Gruppe eines anderen Volkes als Mitbürger voll zu akzeptieren und ihr eine eigene und doch gleiche Stellung zu geben, diese Frage gehört mit zu den Problemen nationaler Identität. Die ständigen Kämpfe mit den Arabern außerhalb Israels haben dieses Problem nur verschoben. Es wird sich verstärkt stellen, wenn es eine Situation echten Friedens gibt. Gerade dann wird die Stellung der israelischen Araber zum Maßstab für die Fähigkeit zu einer nationalen Identität, die sich anderen Nationen nicht verschließt. Die jüdische nationale Identität hat nichts zu tun mit den Identitätsvorstellungen der europäischen Nationalstaaten des 19. Jahrhunderts. Sie hat auch nichts zu tun mit dem Neo-Nationalismus der Entwicklungsländer, die den Weg aus dem Kolonialismus nur durch einen neuen Nationalismus hindurch finden konnten, sie hat nichts zu tun mit den erneuerten Vorstellungen islamischer Gottesstaatlichkeit, wie sie von einzelnen islamischen Ländern gepflegt werden. Sie hat mehr zu tun mit dem, was „the tolerance of ambiguity“ genannt wird. Wir könnten uns vorstellen, daß diese Ambiguitätstoleranz das israelische Bildungswesen in Zukunft mehr und mehr durchdringen wird und es damit auch in die Lage versetzt, die Aufgaben zu lösen, die im Frieden auf Israel zukommen werden. Dies setzt freilich voraus, daß die derzeit zu beobachtenden Polarisierungen im Verhältnis zwischen verschiedenen ethnischen, religiösen und politischen Gruppen in der Gesellschaft sowie die Versuche staatlicher Instanzen, in der Frage der Erziehung zu „jüdischen Werten" ein monopolartiges Interpretationsrecht zu beanspruchen, abgebaut werden können. Dabei ist nicht zu übersehen, daß der „tolerance of ambiguity" auch bestimmte Grenzen gesetzt sind. Sowohl der Terrorismus als auch bestimmte Radikalisierungen in Kreisen des orthodoxen Judentums in Israel müssen hier genannt werden. Es steht zu hoffen, daß auch die Erkenntnis dieser Grenzen nicht dazu führen wird, das große Ziel eines freien Zusammenlebens mit religiösen und nationalen Minderheiten aus dem Auge zu verlieren; die Israelis wissen, daß dieses Ziel gerade im Erziehungswesen verankert sein muß.

8. Modelle und Strategien der Innovation

Die pädagogische und soziale Reformbewegung hat in Palästina/Israel in der spezifischen Verbindung von Judentum, Zionismus und Sozialismus so unterschiedliche Ausdrucksformen gefunden wie die Kibbuzim, die Erziehungseinrichtungen der Jugendalyah und die reformierten Jeschiwot. Für die revolutionäre Kraft dieser Bewegung ist das Wort Innovation nicht nur zu blaß, sondern inadäquat. Offensichtlich geht es dabei nämlich nicht so sehr um partielle Erneuerungen und Reformansätze, sondern es geht um die Entwicklung umfassender, neuer Lern- und Lebensformen.

Für den ausländischen Besucher drängen sich in diesem Zusammenhang Parallelen zur internationalen Reformpädagogik am Anfang dieses Jahrhunderts auf. Das Schicksal dieser Reformbewegung war in den verschiedenen Ländern sehr unterschiedlich: In Deutschland ist sie jäh abgebrochen worden, ihre Vertreter wurden entweder zum Schweigen gebracht, ja umgebracht, oder die Reformpädagogik ist mit den Überlebenden gleichsam ausgewandert. In der restaurativen Epoche nach 1945 wurde nur in Ausnahmefällen an die Reformbewegung der Zwanziger Jahre angeknüpft. In anderen Ländern hat sie als Sauerteig weitergewirkt. Vielleicht in keinem Land ist die Reformpädagogik so lebendig geblieben und vielfältig weiterentwickelt worden wie in Palästina/Israel. Dies mag seine Ursache nicht zuletzt darin haben, daß hier mit der Vorbereitung und Gründung eines neuen Gemeinwesens eine ganz besondere Herausforderung vorlag.

In der Gegenwart scheint nun in einem etablierten Staat und im Rahmen eines zunehmend bürokratisierten Bildungswesens die Gefahr zu bestehen, daß eben diese neuen Modelle des Lernens und Lebens allmählich in eine innere Emigration gedrängt werden. Die Impulse zur Erneuerung kommen heute offensichtlich nicht mehr aus einer mitreißenden revolutionären Bewegung; vielmehr müssen sie durch rationale Anstrengung und professionelles Handeln vorbereitet werden: durch eine innovationsorientierte Forschung und Entwicklung sowie durch eine Lehrerbildung, welche den zukünftigen Lehrer dazu befähigt und motiviert, als Träger von Innovationsprozessen tätig zu werden.

Möglicherweise geht es aber in Israel um mehr als um eine Verbesserung professionellen Handelns auf dem Wege der Bildungsforschung und der Lehrerbildung. Es geht im Grunde um die Bewahrung einer sozialen, geistigen und erzieherischen Revolution in der Generationenfolge bzw. um deren Transformation in rationales Handeln in einer modernen Gesellschaft und in einem modernen Bildungswesen.

Wir meinen also, daß das israelische Bildungswesen während der Phase des Yishuv Modelle des Lebens und Lernens hervorgebracht hat — z.B. den Kibbuz, die Erziehungsformen in der Jugendalyah und die reformierten Jeschiwot —, die es in einer modernisierten Form zu bewahren gilt. Wir meinen, daß sich das israelische Bildungssystem in seinen Strategien der Innovation nicht zu weit von diesen seinen Traditionen entfernen und nicht zu stark an die bürokratisch-selektiven Vorbilder anlehnen sollte, weil es in Israel um einen eigenständigen Beitrag zur Lösung seiner eigenartigen Probleme geht.

Der *Kibbuz* hat aufgrund seiner kollektivistischen Struktur, seines überschaubaren Charakters als ländliche Kommune und der prinzipiell einheitlichen Wertorientierung seiner Mitglieder Formen des Lebens und Lernens entwickelt, die auf eine moderne Massengesellschaft sicher schwer übertragbar sind, aber gerade für sie paradigmatische Bedeutung haben. Die soziale Einbindung der Familie in eine größere Gemeinschaft, das enge Zusammenwirken aller Erziehungsfaktoren im Rahmen einer kindzentrierten Umwelt, die Verbindung von Lernen und Arbeit, Lernen und Gruppenleben im Rahmen der Schule und der Jugendorganisationen gehören zu den Errungenschaften des Kibbuz, die unter anderen politisch-ökonomischen Konstellationen zwar häufig programmatisch gefordert, aber selten erreicht werden. Dies gilt in gewissem Sinne auch für die gesellschaftlichen Grundlagen des Kibbuz: die gleiche Verteilung von Gütern und Dienstleistungen, die Rollenteilungen zwischen Mann und Frau und die Formen einer direkten Demokratie. Heute die ganze Welt erfüllende Fragestellungen wie die Grenzen des Wachstums, die ökologische Verantwortung, die negativen Folgen des technischen Fortschritts und anderes waren in der neuen Pionierlebensform des Yishuv zum Teil vorbildlich gelöst. Es käme gerade im Bildungswesen darauf an zu versuchen, die junge Generation nicht zu einem solidaritätsfremden Konkurrenzdenken heranzubilden, das in der Gründungsperiode des Staates bereits überwunden schien.

Die *Jugendalyah* hat in ihren Kibbuzgruppen, im Rahmen ihrer Internate sowie ihrer Kinder- und Jugenddörfer die Impulse der internationalen Reformpädagogik für die spezifischen Bedürfnisse elternloser oder in schwierigen Verhältnissen lebender Kinder und Jugendlicher in Palästina/Israel weiterentwickelt. Sie hat zu neuen Formen des Gemeinschaftslebens, der Verbindung von Lernen und Arbeit, der Integration von „normalen" und schwierigen Kindern und zu neuen Ansätzen der Menschenführung beigetragen, die dem Erzieher/Lehrer eine hervorragende Rolle zukommen läßt, die sich vielfältig mit der traditionellen Elternrolle überschneidet. Die Jugendalyah hat besonderes Gewicht auf die Förderung von Kindern und Jugendlichen orientalischer Herkunft gelegt und in diesem Rahmen Modelle der ethnisch-kulturellen Integration entwickelt, die auch für das Erziehungswesen insgesamt relevant sind. Die hier entwickelten Formen der Menschenführung im überschaubaren Bereich enthalten Elemente, die für das ganze israelische Bildungswesen wichtig werden könnten. Das gilt nicht zuletzt für die Tendenz, Unterricht und freie Zeit unter gemeinsame Gesichtspunkte zu stellen.

Die reformierten *Jeschiwot* haben die jüdische Tradition des Lernens um seiner selbst willen, die ausschließlich von religiösen Studien ausging, weiterentwickelt und mit modernen Lerninhalten verbunden. Auch hier finden wir Modelle der Lernmotivierung und der Verbindung von Lernen und Leben, die unabhängig von ihrer jeweiligen dogmatischen Orientierung für das allgemeine Schulwesen eine fruchtbare Herausforderung darstellen.

Es wird nicht leicht sein, die kreative Kraft dieser Modelle des Lernens und Lebens für ein bürokratisiertes Bildungswesen fruchtbar zu machen. Dazu gehört eine gerade auf diese Fragestellungen konzentrierte Bildungsforschung und eine Lehrerbildung, die bewußt die

Erfahrungen dieser Modelle in ihre Arbeit einbezieht.

Im Hinblick auf die Bildungsforschung läßt sich schon heute feststellen, daß die expandierenden Forschungsaktivitäten in erfreulichem Maße auf Schlüsselprobleme der Gesellschaft und der Bildung gerichtet sind, insbesondere auf die Aufklärung der Benachteiligung der Kinder und Jugendlichen orientalischer Herkunft im Bildungswesen und die Entwicklung von Strategien einer ausgleichenden Bildungsförderung. Es wäre zu fragen, ob sich eine zukünftige Bildungsforschung weiterer Schlüsselprobleme annehmen könnte und sollte: dem Entwurf alternativer Bildungskonzepte und Curricula, welche den unterschiedlichen kulturellen Traditionen gerecht werden (vgl. Kap. 3); der Erprobung dezentraler Formen der Schulverwaltung, neuer Formen einer praxisnahen Curriculumentwicklung, Formen der Partizipation der Eltern und Schüler und neuer Formen des Zusammenwirkens von Schule und Gemeinde (vgl. 4.); der Entwicklung von alternativen Strategien der Leistungsmessung, Leistungsbewertung und Leistungsdarstellung sowie der Erprobung von Möglichkeiten der staatlichen Anerkennung unterschiedlicher Abschlüsse (vgl. 5.); der Erprobung von neuen Formen der Verbindung von Lernen und Arbeit, schulischer und betrieblicher Ausbildung, akademischer und beruflicher Bildung (vgl. 6.); der Förderung von unterschiedlichen Modellen der politischen Bildung und Sozialisation, insbesondere von Unterrichtsmodellen, welche zu einer rationalen Auseinandersetzung mit „jüdischen Werten“ und mit Aspekten der nationalen Identität herausfordern, nicht zuletzt im Zusammenhang mit dem Verhältnis Israels zu seinen arabischen Mitbürgern bzw. Nachbarvölkern (vgl. 1. und 7.). Auf die Dauer wird es von großer Bedeutung sein, daß die politische Bildung und der Zugang zu den Grundwerten jüdischer Existenz sich nicht durch Indoktrination, sondern durch haltbare Erkenntnis vollziehen. Für die Forschung bedeutet es eine besondere Konzentration auf die Wirkung und Überwindung von Vorurteilen.

Im Blick auf die Lehrerbildung läßt sich bereits heute feststellen, daß in Israel Wege gesucht werden, die fachwissenschaftliche und die erziehungs- und sozialwissenschaftliche Qualifizierung miteinander zu verbinden und auf diese Weise die zukünftigen Lehrer auf ihre innovatorische Rolle vorzubereiten. Studien über Lehrerbildung in Israel weisen andererseits darauf hin, daß der hohe Status der Erzieher- und Lehrberufe in der Phase des Yishuv in der Gegenwart nicht fortbesteht und daß die derzeitigen Strukturbedingungen der Lehrerbildung in den Universitäten wenig geeignet erscheinen, einen innovatorisch wirksamen Theorie-Praxis-Bezug herzustellen. Sicher trägt auch der zentralistisch-bürokratische Charakter des Schulwesens nicht dazu bei, den Lehrer als Innovator zu unterstützen. Vielleicht könnte die von dem israelischen Pädagogen Saul Robinsohn in Deutschland angeregte frühzeitige Einführung in die Unterrichtspraxis in Verbindung mit der Kontrolle dieser Praxis in den Lehrveranstaltungen der Universität hier eine Hilfe sein. Die Rückbeziehung der praktischen Erfahrung auf die theoretische Reflexion und die Erprobung pädagogischer Utopien in der Praxis schaffen die kreative Spannung, die der Bürokratisierung des Lehrerstands entgegenwirkt. Dazu gehört auch, daß in der Lehrerausbildung die soziale und pädagogische Situation des Jugendlichen und die Didaktik der Unterrichtsfächer einen höheren Stellenwert erhalten als die reine fachliche Ausbildung. Der Lehrer kann nur innovativ wirken, wenn er die gesellschaftliche und psychologische

Situation des Jugendlichen kennt und wenn er seinen Beruf, nämlich die Techniken der Vermittlung, beherrscht. Das Fachwissen ist nicht etwa unwichtig, aber ohne diese beiden anderen Elemente für die pädagogische Realität wertlos.

Diese Probleme stellen sich der Lehrerausbildung in der ganzen Welt. Das häufig zu beobachtende Scheitern notwendiger Reformen hängt damit zusammen, daß sie in der Lehrerbildung nicht vorbereitet wurden. In dem überschaubaren Rahmen des Staates Israel und bei dem hohen Stellenwert, den die Erziehung in diesem Staat besitzt, sollte eine entsprechende Lehrerbildung eher realisierbar sein als unter den fixierten Rahmenbedingungen westlicher Großstaaten.

9. Israel als Spiegel der Bildungsprobleme der Welt

Die Juden haben sich als das auserwählte Volk verstanden, aber nicht im Sinne einer nationalen Arroganz, wie sie sich in der Formel aus dem wilhelminischen Zeitalter in Deutschland äußerte: „Am deutschen Wesen soll die Welt genesen". Im Gegenteil, die Juden fühlten sich in besonderer Weise für die Welt als Ganzes verantwortlich; sie empfanden sich als eine Weltnation. Das Verstreutsein über die ganze Welt hat den Gedanken einer weltweiten Wirkung des Judentums notwendig verstärkt. Die Diasporasituation bis zum Kommen des Messias wurde nicht nur als schweres Schicksal, sondern auch als Aufgabe empfunden. Jüdische Denker haben jüdische Existenz in der Welt immer wieder mit der Wirkung des Salzes oder des Sauerteiges verglichen. Der im gewissen Sinne entgegen diesen Vorstellungen gegründete Staat Israel lebt nicht allein, sondern in enger Verbindung mit der Mehrheit der Juden, die außerhalb dieses Staates über die ganze Welt verstreut sind. Israel ist schon durch seine Verbindung mit den Juden in der ganzen Welt ein Staat einmaliger, eigener und besonderer Art.

Die Juden handeln im Staate Israel in dem Bewußtsein, mit ihren nationalen Werten auch universale Werte zu realisieren; sie haben andererseits ein problematisches Verhältnis zu den Organisationsformen des Universalen, wie sie sich in den Vereinten Nationen, in der Unesco und den anderen internationalen Organisationen herausgebildet haben und die natürlich ihre Schwächen aller Art haben. Den Israelis fällt es schwer, diese Organisationen so anzuerkennen, wie es der internationalen Aufgabe Israels entsprechen würde.

Wer selbst auf das Universale bezogen denkt, hat besondere Schwierigkeiten, sich mit den universalen Organisationsformen in all ihrer Enge und ihren komplexen Auseinandersetzungsprozessen abzufinden. Es ist offenbar einfacher, das Universale zu verkünden und darzustellen, als es im eigenen Kampf und Kompromiß zu realisieren.

Wir sind als Gäste und Beobachter nach Israel gekommen. Wir waren neugierig, und wir wollten teilhaben an den Folgen der neuen Staatsgründung und der Verbindung von Entwicklungsland und modernem Industriestaat, von vieltausendjähriger Geschichte und moderner Planung. Wir sind mit großer Offenheit aufgenommen worden; in keiner Diskussion, in keinem Gespräch hat man den Versuch gemacht, etwas vor uns zu verbergen. Wir haben die Kibbuzim kennengelernt wie die Ausbildungsstätten der Armee, die Universitäten wie die Kindergärten und Schulen, die Internate wie die Stätten der Erwachsenenbildung. Wir haben viele Diskussionen mit Erziehern und Politikern führen können — nirgendwo ist uns eine simple Verteidigung dessen, was in Israel geschieht, entgegengetreten, sondern man hat uns sehr offen in die Auseinandersetzungen im Lande selbst einbezogen. Die Freiheit und Intensität der pädagogischen Diskussion, die Offenheit der Kritik am Bestehenden und die Bereitschaft zum Entwurf von Neuem sind uns überall begegnet.

Bei der Beobachtung des israelischen Bildungswesens haben wir nicht nur Erfahrungen gesammelt, sondern wir haben für unsere eigene Arbeit in unserem Heimatland gelernt. Gelernt wegen der oft verblüffenden Parallelität der Sorgen und Fragestellungen und zugleich auf dem Hintergrund der Einmaligkeit dieses Landes.

Wir sind nicht nach Israel gekommen, um Israel einem Examen zu unterziehen, wir wollten das Land beobachten und von Israel lernen. Wir haben insbesondere gelernt, daß das Lernen um seiner selbst willen eine allgemeine menschliche Fähigkeit ist, die nur durch besondere soziale Prozesse bei den meisten Nationen eingeschränkt und gefährdet ist und die wiedergewonnen werden kann. Wir haben gelernt, daß der Respekt vor dem Ewigen und die rationale Fähigkeit zur Bewältigung des Alltäglichen nicht im Widerspruch zueinander zu stehen brauchen, da es höchst wirkungsvolle Formen der Verbindung von Lernen und Arbeit gibt, die geeignet sind, dem Motivationsschwund, den wir in den Bildungseinrichtungen der industrialisierten Länder kennen, entgegenzuwirken. Israel wirkt in vielem wie ein Modell für die Aufgaben, die der Club of Rome in seinem neuen Bericht „No limits to learning — bridging the human gap" unserer Zeit gestellt hat. Der Club of Rome sieht die Notwendigkeit, mehr oder anders zu lernen, als die Herausforderung, die der Welt für die nächsten Jahrzehnte aufgegeben ist. Nach seinen Erkenntnissen kommt es dabei vor allem darauf an, Antizipation und Partizipation, d. h. denkende Vorwegnahme und Teilhabe zu entwickeln. Antizipation und Partizipation als notwendige Bestandteile innovativen Lernens werden auch in den israelischen Bildungsinstitutionen erst entfaltet werden müssen. Dies gilt insbesondere für eine humane Bewältigung der modernen Technologie, ein Problem, das sich besonders im Verhältnis zwischen der Ersten und der Dritten Welt zeigt.

Ein intensiver und ständiger Austausch zwischen den Industrienationen und den in der Entwicklung befindlichen Ländern ist offenbar nötig, weil beide voneinander zu lernen haben. Ein Land, das wie Israel beide Situationen in sich vereinigt, kann hier als Mittler und Beispiel nach beiden Seiten dienen. Eine Welt, die auf der einen Seite die Technik braucht, um das Leben möglich zu machen, auf der anderen Seite aber in der Gefahr steht, mit derselben Technik das Leben unmöglich zu machen, kann von einem Lande lernen, das dieses Paradox als offenes Problem seiner politischen Existenz täglich zu durchdenken hat.

Zu den Einwanderern in das Land gehörten die Angehörigen der europäischen Eliten, aber auch die einfachen Bewohner der Dörfer in den russischen Steppen. Weder erhielten die Eliten von selbst den Platz, den sie zu Hause gehabt hatten, noch wurde den weniger Gebildeten der Weg zu weiterer Bildung versperrt. Die Zusammenführung aller Schichten, die das Problem aller modernen Gesellschaften mit ihrer Bildungsexpansion ist, war diesem Staat insbesondere durch die Notwendigkeit einer gleichberechtigten Eingliederung aller Einwanderer aufgegeben. Modernisierung und Bewahrung von Tradition waren gleichzeitig Aufgaben dieses Staates. Nur mit modernsten Mitteln konnte das Land fruchtbar gemacht und verteidigt werden; nur mit Hilfe einer Besinnung auf die Tradition konnte die innere Haltung entstehen, die den Anstrengungen dieser Aufgaben gewachsen war. Die Auseinandersetzung zwischen Tradition und Fortschritt, die in der übrigen Welt sich Schritt für Schritt vollzog, war diesem Lande von Anfang an aufgegeben.

Eine der Aufgaben dieses Buches ist es, Israel in die internationalen Diskussionsprozesse der Erzieher, der Bildungspolitiker, der Bildungsforscher so einzufügen, wie es der Bedeutung des bildungspolitischen Geschehens in Israel entspricht. Auf kleinem Raum sind uns hier nebeneinander fast alle Probleme der modernen Bildungs- und Lerngesellschaft begegnet. Auch zeitlich konzentrieren sich Abläufe, die in der übrigen Welt Jahrzehnte in Anspruch genommen haben, auf wenige Jahre. In dieser räumlichen und zeitlichen Konzentration begegnen wir den pädagogischen und bildungspolitischen Fragen, die wir aus Frankreich und Großbritannien, aus der Sowjetunion, aus den Vereinigten Staaten und aus unserem eigenen Heimatland oder aus den Entwicklungsländern kennen: dem Verhältnis von Bildungs- und Beschäftigungssystem, von Arbeit und Bildung, von Betrieb und Schule, der Frage, zu welchen Werten man erzieht — ob sie im Bildungswesen vorgegeben oder von ihm nur angeboten werden —, ob Bildung mehr auf einen nationalen Staat oder auf universale Werte hin orientiert sein soll, ob Schule mehr auslesen oder fördern soll, in welchem Verhältnis die allgemeine Bildung zur speziellen Ausbildung steht. Kurz, wir treffen auf all das, was wir in der Welt als Bildungsdiskussion und als Bildungskrise erleben.

Wir haben in Israel Schulen besucht, mit Lehrern gesprochen, an Universitäten diskutiert, Einrichtungen der Erwachsenenbildung und Berufsbildung kennengelernt oder in den Bildungseinrichtungen der Armee Gespräche geführt; wir sind Menschen begegnet, die ihr ganzes Leben ihrer eigenen religiösen Entwicklung gewidmet haben, und völlig unreligiösen, allein dem wissenschaftlichen Denken verpflichteten Aufklärern. Immer wieder hatten wir den Eindruck, als ob alle Probleme der Welt in diesem Lande zusammenkämen, um dort auf kleinem Raum nebeneinander, quasi beispielhaft, sichtbar zu werden. Die einzige Ausnahme ist das in der westlichen Welt so viel erörterte Problem der Schulmüdigkeit, der

Resignation der Schule gegenüber — es ist uns in diesem klassischen Lande des Lernens um seiner selbst willen in der Tat nirgends begegnet.

Die großen Errungenschaften des jüdischen Bildungswesens, die wir an der Jeschiwa und am Kibbuz exemplifiziert haben, können der Welt zeigen, welche Möglichkeiten auch für jeden von uns in der Entwicklung neuer Formen bestehen, die Leben und Lernen, Arbeit und Lernen, Jugend und Lernen sowie Alter und Lernen wieder zusammenführen müssen, wenn die Einheit von Bildung und Gesellschaft, die Hoffnung auf Bildung für alle, verwirklicht werden soll. Israel wird der Welt dann am meisten zu sagen haben, wenn es sich auf seine eigenen, spezifischen Stärken besinnt und mit den anderen Ländern im Austausch steht, ohne ihre Institutionen zu kopieren.

Im Jahre 1931 hat der Völkerbund in Genf — dem die Vereinigten Staaten bekanntlich nicht angehörten — eine Mission zum Studium des Bildungswesens nach China gesandt. Es war eine der ersten Unternehmungen internationaler Bildungshilfe. Nach mehreren Monaten hat die Kommission einen damals im Völkerbund sehr lebhaft diskutierten Bericht veröffentlicht, in dem die chinesische Regierung in vorsichtigen Worten vor der Übernahme amerikanischen Erziehungsdenkens und amerikanischer Bildungsformen gewarnt wurde. Der Bericht der Kommission forderte indirekt die chinesische Regierung auf, sich auf die eigenen Traditionen zu besinnen. In Israel sind im Unterschied zu China Denkformen und institutionelle Erfahrungen aus der ganzen Welt mit den Einwanderern ins Land gekommen; deshalb ist das Land auch ein Feld der Auseinandersetzung zwischen den unterschiedlichen Bildungserfahrungen der verschiedenen jüdischen Einwanderungsgruppen.

Europa und der Orient, Amerika und Rußland begegnen sich in Israel. Dem ausländischen Beobachter drängt sich dabei die Erkenntnis auf, daß er an den Stellen am meisten lernt, wo es gelungen ist, eigenständige Lern- und Lebensformen zu finden.

ANHANG

A. Das Bildungswesen Israels — Ein Aufriß *

I. Strukturmerkmale des Bildungswesens

Bei einer Gesamtbevölkerung von 3.689.000 Einwohnern besuchen 1.050.000 Kinder und Jugendliche, d.h. fast ein Drittel der Gesamtbevölkerung, formale Bildungseinrichtungen.

Das Bildungswesen Israels weist vier Stufen auf:

1. die vorschulische Erziehung für die 3—6jährigen Kinder, deren letztes Jahr obligatorisch ist;
2. die 8jährige „Volksschule" für die 6—13jährigen bzw. — seit 1968 schrittweise eingeführt — den 6jährigen Primarbereich;
3. die 4jährige Sekundarschule für die 14—17jährigen bzw. — seit 1968 schrittweise eingeführt — die 6jährige Sekundarschule (Sekundarstufe I + II);
4. Hochschulbildung.

Die einzige wesentliche Veränderung in dieser seit 1949 bestehenden Struktur des Bildungswesens, die, seit der 1968 vom Parlament beschlossenen Schulreform im Gange, jedoch bis heute nicht abgeschlossen ist, betrifft den Übergang von der Primar- zur Sekundarstufe. Im Zuge der Verlängerung der Schulpflicht um zwei Jahre (auf 10 Jahre plus obligatorischem Kindergartenjahr) wird die 8jährige durch eine 6jährige Primarstufe er-

---

* Für die hier gemachten Angaben sind wir David Zucker von der Van Leer Foundation und Moshe Rinott von der Universität Haifa zu Dank verpflichtet.

setzt; die neue Sekundarstufe umfaßt eine 3jährige „Mittelschule“ (Sekundarstufe I) und eine 3jährige Oberschule (Sekundarstufe II). Der Übergang von der Struktur 8+4 zur Struktur 6+3+3 verstärkt den gesamtschulartigen Charakter bzw. die horizontale Struktur der Schule in Israel. Ähnlich wie in USA und Schweden beginnt die Auslese für weiterführende Bildungsinstitutionen erst nach dem 14. Lebensjahr. Für alle Stufen des Bildungswesens, mit Ausnahme des Hochschulwesens (und auch hier nur im Blick auf die Universitäten), sind zwei für Israel spezifische Strukturmerkmale hervorzuheben:

a) Die Aufgliederung in ein jüdisches und in ein arabisches Schulwesen; 1977/78 wurden im jüdischen Schulwesen ca. 867.000 Schüler, im arabischen Schulwesen ca. 165.000 Schüler unterrichtet;
b) die Aufgliederung des jüdischen Schulwesens in die drei Sektoren des staatlichen (ca. 73%), des staatlich-religiösen (ca. 21%) und des unabhängigen Systems (ca. 6%).

1. Vorschulerziehung

Die vorschulische Erziehung ist in Israel stark ausgebaut. Für die 5—6jährigen ist der Besuch des Kindergartens obligatorisch; die Eltern müssen keine Beiträge bezahlen. Alle Kindergärten für diese Altersstufe erhalten ihre Finanzierung größtenteils von der Regierung und zu einem geringen Teil von den Ortsbehörden. Wie im gesamten Bildungswesen sind diese Kindergärten aufgeteilt in staatliche, staatlich-religiöse und unabhängige Einrichtungen.

Für die 3—4jährigen Kinder bestehen drei Arten von Kindergärten: Kindergarten der Ortsbehörden, öffentliche Kindergärten der Frauenverbände sowie private Kindergärten. Etwa ein Drittel der Kinder besuchen private Kindergärten; dabei handelt es sich überwiegend um Kinder, deren Eltern in Israel oder in Europa oder in Amerika geboren sind. Insgesamt besuchten im Jahre 1978 89 von 100 3jährigen und 97 von 100 4jährigen einen Kindergarten.

2. Primarbereich

Bereits in der vorstaatlichen Periode war das jüdische Schulwesen (in Palästina) durch eine im internationalen Vergleich außerordentlich ausgedehnte Grundbildung im Rahmen einer 8jährigen „Volksschule“ und durch eine horizontale Struktur gekennzeichnet; sieht man von den auf dieser Stufe angesiedelten Sonderschulen und Schulen für die arbeitende Jugend ab, so besuchten alle 6—13jährigen Kinder im Prinzip eine gemeinsame Schule.

Durch das Gesetz von 1949 wurde die 8jährige Volksschule identisch mit der Pflichtschulzeit. In den Jahren nach der Staatsgründung wurde dem einheitlichen Charakter der Pflichtschule schon deshalb eine besondere Bedeutung beigemessen, weil man sich vom Bildungswesen einen wesentlichen Beitrag für die sozio-kulturelle Integration der aus den Ländern Asiens und Afrikas einwandernden Juden erwartete; diese Masseneinwanderung führte innerhalb von zehn Jahren zu einer Vervierfachung der Schülerzahl (von 91.133 im Schuljahr 1948/49 auf 375.054 im Schuljahr 1959/60).

Durch die Schulreform von 1968 (einschl. der Verlängerung der Schulpflicht auf 10 Jahre) wurde die 8jährige Volksschule von einer 6jährigen Primarschule und einer 3jährigen „Mittelschule“ abgelöst; die „Mittelschule“ ist im allgemeinen institutionell mit der Sekundarstufe II verbunden und daher zum Bereich der Sekundarschule zu rechnen.

Die Schulen der Klassen 1—8 (soweit die reformierte Schulstruktur noch nicht verwirklicht ist) bzw. der Klassen 1—6 gehören einem der drei Sektoren des Schulwesens an: dem staatlichen Sektor (1979 ca. 73 Prozent aller Schüler), dem staatlich-religiösen Sektor (ca. 21 Prozent) oder dem unabhängigen Sektor (ca. 6 Prozent).

Die Integration der Kinder aus Familien, die in Asien und Afrika geboren bzw. aus diesen Ländern nach Israel eingewandert sind, stellt nach wie vor das zentrale Problem des israelischen Schulwesens dar. Entsprechend dem Geburtsland der Eltern, dem Einkommen der Familie, dem Bildungsgrad des Vaters sowie der Familiengröße werden jene Schüler definiert, die als benachteiligt gelten und für welche besondere bildungspolitische Maßnahmen ergriffen werden müssen. Folgende Aufstellung beleuchtet die Bedeutung dieses Problems für das Schulwesen (nicht nur für den Primarbereich):

— 42 Prozent aller Schüler sind benachteiligt;
— 34 Prozent aller Schüler in den staatlichen und 68 Prozent aller Schüler in den staatlich-religiösen Schulen sind benachteiligt;
— 90 Prozent der benachteiligten Schüler stammen aus Familien, die aus Asien oder Afrika eingewandert sind;
— 88 Prozent der benachteiligten Schüler sind Kinder von Vätern mit Volksschulbildung oder sogar geringerer Bildung;
— in den neuen Siedlungen, insbesondere in den Entwicklungsstädten, lernen 73 Prozent der Schüler in Klassen mit mehr als 50 Prozent benachteiligten Schülern;
— der Prozentsatz der benachteiligten Schüler ist im

Norden und Süden des Landes wesentlich höher als in den zentralen Bezirken.

Den Schulen mit einem hohen Anteil an benachteiligten Kindern werden überdurchschnittlich hohe Personal- und Sachmittel zugewiesen, und es werden besondere Vorkehrungen für verlängerte Unterrichtstage, verlängerte Schuljahre, unterrichtliche Differenzierung (Förderkurse etc.), die Einstellung von Beratungspersonal sowie für eine didaktische Weiterbildung von Lehrern getroffen.

3. Die Sekundarschule: Sekundarstufe I und II

Im Rahmen der alten Schulstruktur gehen die Schüler nach der 8. Klasse in die (4jährige) Sekundarschule, bei der reformierten Schulstruktur nach der 6. Klasse in die (3jährige) *Sekundarstufe I* (Mittelschule) über.

Die Gemeinden, in welchen die Reform bereits durchgeführt worden ist, werden in Schulbezirke eingeteilt; alle Absolventen der 6. Klasse innerhalb eines Schulbezirks werden ohne jede Auslese in die Mittelschule dieses Bezirkes versetzt. Jeder Schulbezirk soll Schulen enthalten, in welchen die Zusammensetzung der Schülerschaft gewährleistet, daß eine Integration der „orientalischen" Kinder stattfinden kann. Der Kernunterricht in den Mittelschulen findet in heterogen zusammengesetzten Klassen statt, während ein Teil des Unterrichts in leistungshomogenen Gruppen erteilt wird. Die Mittelschule ist im allgemeinen mit der Sekundarstufe II, d.h. mit den Klassen 10—12 institutionell verbunden.

Im Jahre 1978 besuchten 43 Prozent der jüdischen und 33 Prozent der arabischen Schüler eine reformierte Mittelschule (Sekundarstufe I). Die Verwirklichung der 1968 beschlossenen Strukturreform wird daher noch einige Zeit beanspruchen.

Die *Sekundarstufe II* weist eine äußere Differenzierung in drei Schultypen auf:

a) Die akademische Sekundarschule mit vier beziehungsweise drei Klassen (je nachdem, ob sie der alten beziehungsweise der reformierten Struktur angehört), in welcher das Schwergewicht auf der Allgemeinbildung liegt und deren Schüler auf ein Hochschulstudium vorbereitet werden. Im Jahre 1978 erfaßte dieser Schultyp 46 Prozent aller Schüler (absolute Zahl: 63.154).
b) Die Berufsschulen umfassen ebenfalls vier beziehungsweise drei Klassen; sie vermitteln in erster Linie eine berufliche Ausbildung, indem sie ihre Absolventen für den Arbeitsmarkt oder auch für ein Studium technischer und Ingenieurberufe auf Hochschulniveau vorbereiten. Dieser Schultyp erfaßt 49 Prozent aller Schüler (absolute Zahl: 67.260).
c) Landwirtschaftsschulen (im allgemeinen Internate), deren Schwergewicht ebenfalls auf der beruflichen Ausbildung liegt, indem die Absolventen auf landwirtschaftliche beziehungsweise mit Landwirtschaft verbundenen Berufen vorbereitet werden. Dieser Schultyp erfaßt 4 Prozent aller Schüler (absolute Zahl: 5.601).

Die reformierte Sekundarstufe II (drei Klassen) gehört im allgemeinen (zu 88 Prozent) zu einer größeren Einrichtung, die auch eine Mittelstufe umfaßt. Die Kombination von Sekundarstufe I (Mittelstufe, drei Jahre) und Sekundarstufe II (drei Jahre) besteht für alle drei genannten Schultypen der Sekundarstufe II: akademische Richtung (23%), berufliche Richtung (4%) und landwirtschaftliche Richtung (2%).

Am weitesten verbreitet ist jedoch mittlerweile die *Gesamtschule* (42%), welche die akademische und berufliche Richtung zusammenfaßt. Die meisten 6jährigen Gesamtschulen befinden sich in Entwicklungsgebieten in allen Teilen des Landes, sie sind aber auch in den größeren Städten verbreitet.

Neben den genannten Schultypen hat sich unter der Aufsicht des Arbeitsministeriums auch ein *Lehrlingsprogramm* entwickelt. Entsprechend dem Lehrlingsgesetz von 1953 werden hier Schulunterricht und praktische Berufsausbildung miteinander verbunden; die Berufsausbildung findet vorwiegend in Fabriken, Werkstätten und anderen Wirtschaftsbetrieben statt, indem sie allgemeines Schulwissen mit praktischer Arbeit, je nach den Fähigkeiten der Schüler, verbindet.

Fast alle Jugendlichen (1978 etwa 85 Prozent) setzen nach Abschluß der Schulpflicht (ein Jahr Kindergarten und zehn Jahre Schule) in irgendeiner Form ihre schulische Bildung fort; von den übrigen haben etwa die Hälfte einen festen Beruf. Für die Kinder „orientalischer" Herkunft gilt, daß sie in den beruflichen Sekundarschulen überrepräsentiert sind (sie stellen 64% der Schüler), während die Kinder mit europäisch-amerikanischem Familienhintergrund in allen Bildungsinstitutionen vertreten, jedoch in der akademisch orientierten Sekundarstufe II überrepräsentiert sind (mit einem Anteil von ca. 53%).

Abschlußprüfungen. Am Ende der Sekundarstufe II legen die Schüler eine Abschlußprüfung ab und erhalten ein der Art der Prüfung und ihrem Niveau entsprechendes Diplom. Absolventen der akademischen Sekundarstufe II legen das Abitur (Bagrut) ab; das Abiturzeugnis berechtigt zum Eintritt in alle Institutionen des Hochschulwesens.

Das Abitur besteht aus zentral festgelegten Prüfungen in einer Reihe von Pflichtfächern sowie in einigen Wahlfächern; die Pflichtfächer sind Hebräisch, Naturwissenschaften, Bibelkunde und eine Fremdsprache. Durch ihre Leistungen in den Wahlfächern muß jeder Prüfling die festgelegte Anzahl von Punkten für die Abiturprüfung erreichen.

Die Absolventen an den landwirtschaftlichen und beruflichen Schulen der Sekundarstufe II lernen auf unterschiedlichen Niveaus. Die Absolventen der beruflich-akademischen Richtung können zusätzlich zu den beruflichen Prüfungen, die obligatorisch sind, das Abitur ablegen. Die Absolventen der regulären Berufsschulen haben die Möglichkeit, ein fachspezifisches Abitur zu machen, daneben müssen sie in ihrem Beruf ein Staatsexamen bestehen. Das Diplom, das diese Schüler erhalten, berechtigt sie zum Eintritt in Fachhochschulen für Techniker und Mechaniker.

Die Absolventen der praktisch orientierten Berufsschulen legen ein Staatsexamen auf niedrigerem Niveau ab, und wenn sie dieses bestanden haben, erhalten sie ein staatliches Berufsdiplom. In einigen Berufsschulen gibt es außerdem 13. und 14. Klassen für Techniker auf Fachhochschulniveau.

4. Hochschulwesen und Lehrerbildung

Neben den etwa 150 über das ganze Land verstreuten Fachhochschulen, die keinen wissenschaftlichen Status haben, gibt es in Israel neun Hochschulen (für Kunst, Musik, Technologie, Betriebswirtschaft, Textilien, Lehrerausbildung und Verwaltungskunde), sieben Universitäten und die offene Universität in Tel Aviv, die insbesondere der Erwachsenenbildung dient.

Die wichtigsten Einrichtungen des Hochschulbereichs sind die sieben Universitäten: die Universitäten von Jerusalem, Tel Aviv, Haifa und Beersheva, eine Universität mit religiösem Charakter (Bar Ilan), eine Technische Universität (Technion in Haifa) sowie das Weizman-Institut für Naturwissenschaftliche Forschung und Postgraduate Studien. Im Jahre 1979 erfaßten die Universitäten insgesamt etwa 54.000 Studenten, die „offene“ Universität etwa 5.500 und die übrigen Hochschulen etwa 3.000 Studierende.

Die Zulassung zu den Universitäten erfolgt im allgemeinen auf der Grundlage der Abiturprüfung (Bagrut) sowie einer zusätzlichen Eingangsprüfung.

In den letzten Jahren sind eine Reihe von Vorbereitungskursen eingerichtet worden, die den Universitäten angeschlossen sind; diese werden vom Ministerium für Erziehung und Kultur sowie vom Sicherheitsministerium unterstützt, ihre Verwaltung wird von den einzelnen Universitäten wahrgenommen. Diese Vorbereitungskurse bieten Jugendlichen, die ihre Militärpflicht erfüllt haben, oder Arabern, die nicht militärpflichtig sind, insbesondere aber Angehörigen der unteren Gesellschaftsschichten beziehungsweise „orientalischen“ Studenten eine zweite Chance. Im Hinblick auf Dauer und Lehrinhalte unterscheiden sich diese Kurse vielfältig; einige bereiten ihre Schüler auf ein externes Abitur, andere auf den unmittelbaren Eintritt in die Universität vor; auch die Schülerschaft dieser Vorbereitungskurse ist sehr unterschiedlich zusammengesetzt: Es gibt solche, die kulturell Benachteiligte aufnehmen, Kurse für Angehörige ethnischer Minderheiten oder auch für körperlich Behinderte, sowie Kurse für Mitglieder von Kibbuzim, die das Abitur aus pädagogischen Gründen ablehnen.

Lehrerbildung. Sämtliche Lehrer der Sekundarstufe II, aber auch ein Teil der Lehrer der neueingerichteten Mittelstufe (1979 37%), erhalten ihre Ausbildung an einer Universität. Nach einem 3jährigen Fachstudium, das mit dem BA abschließt, absolvieren die Lehrerstudenten ein 2jähriges Studium an dem erziehungswissenschaftlichen Institut (School of Education) einer Universität, das auch angeleitete Praxiserfahrungen umfaßt; daneben besteht auch die Möglichkeit, das erste Jahr der erziehungswissenschaftlichen Ausbildung mit dem letzten Jahr des Fachstudiums zu kombinieren.

Die übrigen Lehrer erhalten ihre Ausbildung in einem der 59 Lehrerseminare, die vom Staat getragen oder zumindest kontrolliert werden. Das Studium in den Lehrerseminaren dauert in der Regel drei Jahre, ungefähr die Hälfte der Lehrerstudenten hat ein Abitur. Die Lehrerseminare sind, wie das gesamte Bildungswesen, gegliedert entsprechend ihrer Zugehörigkeit zum staatlichen, staatlich-religiösen oder unabhängigen Sektor.

Außerdem bestehen adressatenspezifische staatliche Lehrerseminare für die Ausbildung arabischer Lehrer, für die Ausbildung von Kibbuz-Lehrern, für die Ausbildung von Lehrern an den religiösen Schulen (Jeschiwot) sowie für Lehrer, die mit kulturell benachteiligten Kindern arbeiten. Ein Teil der Seminare ist außerdem beruflich spezialisiert (Sport, Kunst, Kunsthandwerk, Musik).

Die Ausbildung der Lehrer hat mit der stürmischen Expansion des Schulwesens in Israel nicht standhalten können; ein Teil der Lehrer wird ohne abgeschlossene Ausbildung eingestellt; dies gilt insbesondere auch für die neuen Entwicklungsgebiete, die für viele qualifizierte Lehrer nicht attraktiv sind; die Lehrer ohne Diplom sind andererseits verpflichtet, sich einem in-service-training zu unterziehen.

Die Ausbildung der Erzieher für den *Vorschulbereich* geschieht entweder im Rahmen der staatlichen Lehrerseminare (2—3jährige Kurse) oder in nichtstaatlichen Kindergärtnerinnenseminaren.

Die Ausbildung der Erzieher für den Bereich der *Kleinkindererziehung* beschränkte sich bis vor kurzem auf einjährige Kurse, die vom Gesundheitsministerium in Verbindung mit der Ausbildung nichtmedizinischen Personals in Krankenhäusern angeboten wurden; in den letzten Jahren wurden versuchsweise in einem der großen staatlichen Lehrerseminare intensivere Kurse für „Erzieher von 0 — 4jährigen Kindern" organisiert, die mittelfristig eine bessere Qualifizierung der Kleinkinderzieher einleiten sollen.

II. Gesetzgebung, Verwaltung, Finanzierung

1. Gesetzliche Grundlagen

Durch das Schulpflichtgesetz von 1949 wurde die Schulpflicht und Schulgeldfreiheit für ein Jahr Kindergarten (5—6jährige), für acht Jahre Primarschule (6—13jährige) sowie für Jugendliche im Alter zwischen 14 und 17 Jahren, die noch keine Primarschulerziehung abgeschlossen haben, eingeführt.

Durch das Staatserziehungsgesetz von 1953 wurden die aus der vorstaatlichen Periode übernommenen Richtungen („trends") im Bildungswesen in die zentrale staatliche Kontrolle überführt; dabei handelte es sich um autonome Subsysteme des Bildungswesens, nämlich den allgemeinen Trend, den Trend der Arbeiterbewegung sowie den religiös-orthodoxen Trend. Seit dieser Zeit gliedert sich das israelische Bildungswesen auf allen seinen Stufen, mit Ausnahme der Universitäten, in drei Richtungen: das staatliche, das staatlich-religiöse und das unabhängige Schulwesen. Das staatlich-religiöse

Schulwesen will, im Gegensatz zu den staatlichen Schulen, seinen Schülern allgemeine Grundsätze eines orthodox-religiösen Lebenswandels vermitteln und legt entsprechend einen Schwerpunkt auf das Studium der Heiligen Schriften. Das unabhängige Schulwesen umfaßt die wenigen Privatschulen, hauptsächlich aber ein Netz von Erziehungsanstalten (Kindergärten, Schulen, Lehrerseminare), das vom ultra-orthodoxen Judentum getragen wird. Im Gesetz von 1953 wurde außerdem die Zuständigkeit des Staates für den Erlaß von Lehrplänen festgelegt, mit der Einschränkung, daß bis zu 25% des Curriculum von den einzelnen Einrichtungen bzw. Subsystemen des Schulwesens frei gestaltet werden können.

Durch weitere Gesetze bzw. Änderungen bestehender Gesetze wurden das Lehrlingswesen (1953), die Anerkennung von Hochschulen (1958), die Zulassung von Kindergärten und Schulen (1969) sowie die Verlängerung der Schulpflicht auf 10 Jahre (1969) geregelt.

2. *Verwaltung und Schulaufsicht*

Obwohl der Staat nicht in allen Fällen als Träger von Bildungsinstitutionen auftritt, liegt die zentrale Verantwortung für den gesamten Bildungsbereich in erster Linie bei den staatlichen Behörden. Die wichtigste Behörde stellt das 1949 gegründete Ministerium für Erziehung und Kultur dar. Es ist in gesetzlicher und politischer Hinsicht für die Finanzierung, Beaufsichtigung und Entwicklung des gesamten Bildungswesens sowie für die Anstellung der Lehrer verantwortlich. Die Anweisungen des Ministeriums werden von den Ortsbehörden ausgeführt; das Hauptbüro in Jerusalem hat Filialen in sechs Distrikten, und die Budgets und Instruktionen des Ministeriums werden an die Ortsbehörden und Erziehungseinrichtungen weitergegeben.

In bestimmten Bereichen tragen andere Ministerien Verantwortung. Dies gilt für das Arbeits- und Wohlfahrtsministerium im Bereich der Kleinkindererziehung, bei den Dienstleistungen für das Erziehungswesen (Sozialarbeiter usw.) wie insbesondere für die Teilzeitberufsschulen und das Lehrlingswesen. Das Gesundheitsministerium überwacht die medizinischen Dienste für Schüler. Das Verteidigungsministerium unterhält besondere Erziehungseinrichtungen zur Vorbereitung von Schülern für bestimmte in der Armee wichtige Qualifikationen; im übrigen ist die Armee in Israel ein wichtiger Träger schulischer und nachschulischer Bildung. Alle diese Ministerien sind in enger Zusammenarbeit mit dem Ministerium für Erziehung und Kultur tätig.

Den lokalen Behörden kommt im Bildungswesen Israels eine große Bedeutung zu. Mehr als die Hälfte der vorschulischen Erziehungseinrichtungen sind in kommunaler Trägerschaft. Die lokalen Behörden sind für den Betrieb und die Organisation der Schulen im Rahmen der Schulpflicht verantwortlich und sind die Träger der Sekundarschulen. Schließlich sind die lokalen Behörden für eine Vielzahl von sozialen Dienstleistungen für Schüler und Eltern verantwortlich. Dennoch gilt im ganzen, daß die Verwaltung und Aufsicht des Schulwesens in Israel stark zentralisiert ist.

Charakteristisch ist dafür, daß das Ministerium einen Stab von Inspektoren zur Fachaufsicht über die Lehrer unterhält und daß jede Ernennung eines Lehrers vom Generaldirektor des Ministeriums für Erziehung und Kultur in Jerusalem vorgenommen wird.

Als ein politisches Gremium, dem in Fragen der Verwaltung des Bildungswesens Kompetenzen zustehen, ist noch der Erziehungsausschuß des Parlaments (Knesset) zu erwähnen. Dieser ständige Ausschuß für Erziehung und Kultur ist das parlamentarische Instrument zur Überwachung des gesamten Erziehungswesens sowie der Regierungsämter und Ortsbehörden, die dafür verantwortlich sind. Der Ausschuß hat 19 Mitglieder, und an seiner Spitze steht in den letzten Jahren ein Vertreter der Opposition. Der Einfluß dieses Ausschusses ist beschränkt, und nur in wenigen Fällen ist der Erziehungsminister verpflichtet, sich mit seinen Mitgliedern zu beraten. Nur selten gehen Beschlüsse dieses Ausschusses in Regierungsentscheidungen ein. Auch die lokalen Schulbehörden werden von Ausschüssen beraten.

3. Finanzierung

Die Kosten des Bildungswesens werden im wesentlichen aus vier Quellen gedeckt:

a) Das Budget der Regierung. Das Regierungsbudget bedarf der Bestätigung durch das Parlament und ist gesetzlich festgelegt. Der Anteil an den Gesamtkosten beträgt bis zu 70 Prozent.

b) Die Budgets der Ortsbehörden. Diese setzen sich aus Beiträgen des Staates sowie aus direkten lokalen Steuern zusammen. Ihr Anteil an den Gesamtkosten beträgt etwa 13 Prozent.

c) Die Budgets der privaten und öffentlichen Körperschaften, die Schulen unterhalten, sowie die Budgets der privaten Träger kommen aus vielerlei Quellen. Ein Teil der Gelder wird durch Sammlungen in Israel und im Ausland aufgebracht. Unter den israelischen Geldgebern sind vor allem die staatliche Lotterie und Banken zu nennen, während Beiträge aus dem Ausland insbesondere über die Jewish Agency kommen.

d) Erziehungsbeiträge der Familien. Obwohl für die Bildungseinrichtungen im Rahmen der Schulpflicht, in jüngster Zeit (seit 1979) auch für die Sekundarstufe II, Schulgeldfreiheit besteht, werden für die Kleinkind- und Kindergartenerziehung sowie für die Nebenkosten auch im Bereich der Pflichtschule (Lernmaterial usw.) Elternbeiträge erhoben. Auch die Studierenden an Hochschulen müssen Gebühren bezahlen.

Die Kosten für das Bildungswesen sind mit der Expansion der Schülerzahlen sowie im Zusammenhang der allgemeinen Teuerung in den letzten Jahrzehnten stark angestiegen. Im Jahr 1963 betrug der Anteil des Erziehungsbudgets am Nationalprodukt (einschließlich Investitionen) 6 Prozent, während er im Jahre 1972 8,3 Prozent betrug. Seit 1972 und nach dem Jom-Kippur-Krieg verringerte sich dieser Prozentsatz; diese Tendenz läßt sich auch am Budget des Erziehungsministeriums feststellen. Im Jahre 1979 betrug das Budget des Ministeriums für Erziehung und Kultur 6 Prozent des Regierungsbudgets (ausschließlich Entwicklungsbudget), während es 1959 noch 11 Prozent betragen hatte. Im Jahre 1973 sank der Anteil des Erziehungsministeriums am gesamten Regierungsbudget von 10,8 Prozent auf 8,1 Prozent, um im Jahre 1976 wieder auf 8,8 Prozent anzusteigen.

Zusätzlich zum laufenden Budget investiert der Staat Gelder für die Weiterentwicklung des Bildungswesens aus dem Entwicklungsbudget, welches vom Parlament genehmigt werden muß. Die Verantwortung für die Entwicklungstätigkeit wird vorwiegend vom Ministerium für Erziehung und Kultur in Zusammenarbeit mit den örtlichen Behörden getragen. Die Ausführung der Entwicklungsarbeiten ist im wesentlichen die Aufgabe der Ortsbehörden und im geringeren Maße des Siedlungsministeriums, das in den Entwicklungsgebieten baut und in den etablierten Städten neue Viertel errichtet. Das Ministerium für Erziehung und Kultur nimmt dabei insbesondere zwei Aufgaben wahr:

a) Es prüft die Notwendigkeit für neue Bauten, schreibt einen einheitlichen Standard vor, weist die Fachleute an und bewacht die Bauarbeiten;
b) es ist für die Aufbringung der Baukosten verantwortlich.

4. Nichtstaatliche Aktivitäten im Bildungswesen

Es hängt mit der besonderen Geschichte des Staates Israel und dessen Verbindung mit dem Diaspora-Judentum zusammen, daß neben dem Staat verschiedene öffentliche Körperschaften, private Träger sowie internationale jüdische Organisationen am Erziehungs- und Bildungswesen aktiv beteiligt sind:

a) Einrichtungen der Tagespflege für Kleinkinder werden von drei großen Frauenverbänden unterhalten, die ihrerseits mit politischen öffentlichen Körperschaften verbunden sind: NAAMAT — der Frauenverband der Gewerkschaftsbewegung, WIZO — Womens International Zionist Organization und der Landesverband religiöser Frauen. An der Finanzierung dieser Einrichtungen beteiligen sich auch Regierung und Eltern.
b) Vorschulerziehung: Ein Drittel der Kindergärten für 3—4jährige steht in der Trägerschaft verschiedener freiwilliger Organisationen und Verbände.
c) Heimerziehung und Sonderpädagogik: Ein großer Teil der Einrichtungen für elternlose, verwahrloste, behinderte und verhaltensgestörte Kinder befindet sich in der Trägerschaft nationaler und internationaler Organisationen und Verbände.

d) Sekundarschulwesen: Insbesondere im Bereich der Berufsbildung besteht ein großes Netzwerk nichtstaatlicher Einrichtungen. So gehören zum Beispiel 24 Prozent der Berufsschulen zum Verband der ORT-Schulen (eine 1880 in Rußland gegründete Organisation zur Förderung des Handwerks) und 10 Prozent zum AMAL-Verband der Gewerkschaft.
e) Jeschiwot (Talmud-Schulen): Diese religiösen Schulen werden von verschiedenen freiwilligen und öffentlichen Organisationen verwaltet und erhalten finanzielle Unterstützung vom Religionsministerium, insbesondere aber von internationalen jüdischen Organisationen.
f) Eine Reihe von Lehrer- und Kindergärtnerinnenseminaren wird nicht vom Staat beziehungsweise den lokalen Behörden, sondern von öffentlichen Körperschaften und von Verbänden getragen (zum Beispiel vom Zentrum für unabhängige Erziehung).
g) Die Jewish Agency ist durch eine Anzahl von Körperschaften am Erziehungswesen beteiligt, sowohl im Hinblick auf die Finanzierung akademischer Einrichtungen, den Unterhalt von Kindergärten für 3—4jährige und die Förderung von Gesamtschulen als auch direkt, indem sie Internate für höhere Schüler unterhält.
h) Außerschulische Erziehung: Für Kinder und Jugendliche im Schulalter bestehen eine Reihe von Jugendorganisationen, die zum größten Teil mit politischen Parteien in Verbindung stehen und aus öffentlichen Geldern unterstützt werden. Sie spielen eine wichtige Rolle in der informellen außerschulischen Erziehung, die daneben Einrichtungen wie Jugendclubs, Gemeindezentren etc. umfaßt.

B. Literaturverzeichnis

Die folgende Auswahl deutsch- und englischsprachiger Literatur soll dem interessierten Leser eine Orientierungshilfe zur selbständigen Beschäftigung mit Problemen des Staates Israel und seines Bildungswesens geben.

Israel — Geschichte und Gesellschaft

Eisenstadt, S. N.: Die israelische Gesellschaft. Stuttgart, (Enke), 1973.

Elon, A.: Die Israelis — Gründer und Söhne. Wien, (Molden), 1971.

Inbar, M./Adler, Ch.: Ethnic Integration in Israel. New Brunswick, (Transaction), 1977.

Jendges, H.: Der Nahostkonflikt. Berlin, (Colloquium), 1976.

Landau, J. M. (Hrsg.): Israel. Nürnberg, (Stock und Lutz), 1970.

Laquer, W.: Der Weg zum Staat Israel — Geschichte des Zionismus. Wien, (Europaverlag), 1975.

Lissak, M.: Social Mobility in Israel Society. Jerusalem, (Israel Universities Press), 1969.

Sontheimer, K. (Hrsg.): Israel — Politik, Gesellschaft, Wirtschaft. München, (Piper), 1968.

Trepp, L.: Das Judentum — Geschichte und lebendige Gegenwart. Reinbek, (Rowohlt), 1970.

Wehling, R.: Der Nahost-Konflikt in der politischen Bildung. In: Aus Politik und Zeitgeschichte, Heft 18, 1978, S. 23—52.

Erziehung und Bildung

1. *Bildungswesen und Schulreform (allgemein)*

Becker, H.: Erziehung in Israel. In: Neue Sammlung, 17. Jg., Heft 1, 1977, S. 56—61.

Frankenstein, C. (Hrsg.): Teaching as a social challenge. Jerusalem, (School of Education of the Hebrew University), 1976.

Globerson, A.: Higher Education and employment. A Case Study of Israel. Westmead, (Saxon House), 1978.

Kashti, Y.: Stagnation and Change in Israeli Education. In: Comparative Education, Vol. 14, 1978, 151—161.

Kleinberger, A. F.: Society, Schools and Progress in Israel. Oxford etc., (Pergamon), 1969.

Minkovich, A./Davis, D./Bashi, J.: An Evaluation Study of Israeli Elementary Schools. Jerusalem, (The Hebrew University, School of Education), 1977.

Robinsohn, S. B.: Erziehungsprobleme in Israel. In: Neue Sammlung, 2. Jg., 1962, 409—430.

Sachs, Sh.: Aus Nomadenkindern werden Schüler — Erziehungsprobleme orientalischer Einwandererkinder in Israel. Bern (Huber), 1967.

2. *Arabische Erziehung*

Mari's, S. K.: Arab Education in Israel. Syracuse, (New York), 1978.

3. *Vorschulerziehung, Familie*

Jarus, A. et al. (Hrsg.): Children and Families in Israel. New York etc., (Gordon and Breach), 1970.

Lombard, A.: Early Schooling in Israel. In: Feshbach, N. D./Goodlad, J. I./Lombard, A.: Early Schooling in England and Israel. New York, 1973.

4. *Kibbuz*

Bettelheim, B.: Die Kinder der Zukunft. Wien, (Molden), 1973.

Gerson, M.: Family, Women and Socialization in the Kibbuz. Lexington, (D. C. Heath), 1979.

Liegle, L.: Familie und Kollektiv im Kibbuz. Weinheim, (Beltz), 1977.

5. *Jugendalyah*

Wolins, M./Gottesmann, M. (Hrsg.): Group Care: An Israeli Approach — The Educational Path of Youth Aliyah. New York Etc., (Gordon and Breach), 1971.

6. *Jeschiwa und religiöse Erziehung*

Bar-Lev, M.: Das Torastudium in der jüdischen Gesellschaft. Der „Cheder“ und die „Jeschiwa“ in der Diaspora und in Israel. In: Goldschmidt, D./Roeder, P. M. (Hrsg.): Alternative Schulen? Stuttgart, (Klett-Cotta), 1979, S. 489—510.

Carmon, A.: Die Rolle der Jeschiwot im israelischen Erziehungssystem. In: Goldschmidt/Roeder 1979, S. 511—515.

C. *„Erziehung in Israel.“*

Inhaltsverzeichnis des Gesamtwerkes

In Zusammenarbeit mit der Van-Leer-Foundation und den Erziehungsfakultäten der Ben-Gurion-Universität in Beersheva und der hebräischen Universität in Jerusalem, herausgegeben von Prof. Walter Ackermann, Dr. Arye Carmon und David Zucker.

4. Oded Schremer:
Das staatlich-religiöse Schulsystem.
5. Mordechai Bar-Lev:
Jeschiwot — Traditionelle und moderne Formen.
6. Moshe Kerem:
Erziehung im Kibbuz.
7. Michael Gal:
Informelle Erziehung.
8. Saed Zarzur:
Arabische Erziehung.
9. Chanoch Rinott:
Internatserziehung.
10. David Zucker:
Berufsschulen — ein System unter vielseitigem Druck.
11. Avner Shalev:
Erziehung in den Streitkräften.
12. Zvi Lamm:
Der Lehrer — eine Berufung wurde Beruf.
13. David Harman:
Erwachsenenbildung.
14. Yoseph Ben-David:
Universitäten.
15. Michael Rosenack, Janet Aviad:
Israel und die jüdische Erziehung außerhalb Israels.

III. Erziehung in Israel — von außen gesehen

1. Torsten Husén (Schweden):
Notengläubigkeit und Meritokratie.
2. James S. Coleman (USA):
Schulische Integration und Chancengleichheit.
3. Harold J. Noah (USA):
Bildungssystem und Beschäftigungssystem.

4. J. A. van Kemenade (Niederlande):
   Machtverteilung innerhalb der Erziehungspolitik.
5. Hellmut Becker, Ludwig Liegle (Bundesrepublik Deutschland):
   Erziehung in Israel — von außen gesehen.

Hellmut Becker

Auf dem Weg zur lernenden Gesellschaft

Personen, Analysen, Vorschläge für die Zukunft

1980, 352 Seiten, Leinen mit Schutzumschlag, DM 32,—
(ISBN 3-12-930700-1)

Hellmut Becker hat an den wichtigsten bildungspolitischen Entscheidungen der drei letzten Jahrzehnte mitgewirkt; vielen großen Erziehern und Bildungspolitikern dieses Jahrhunderts ist er persönlich verbunden. Von den Begegnungen mit jenen Menschen erzählt er im ersten Teil seines Buches: C. H. Becker tritt auf, der Vater des Autors, preußischer Kultusminister während der Weimarer Republik. Darauf folgt ein Porträt von Adolf Reichwein, der noch während der Nazi-Zeit die Ideen der Reformpädagogik zu verwirklichen verstand und 1944 hingerichtet wurde. Von Kurt Hahn ist die Rede, dem Gründer weltberühmter Internate, von Ernst Weißert, der ein Leben lang für die Waldorfschulen gearbeitet hat, aber auch von Alexander Mitscherlich und dessen Engagement für einen „freien Sozialismus".

Doch die Bildungsreform ist nicht nur eine Sache einzelner Menschen: Sie ist — und das wird im zweiten Teil des Buches deutlich — eine schwierige, selten voll gelingende Arbeit an den Institutionen. Sie wird getragen von Erkenntnissen der Bildungsforschung, sie wird in politische Realität umgesetzt, gegen widerstrebende Ministerialbehörden und Verwaltungen, im Kampf gegen Privilegien, im Kampf auch gegen die tiefsitzende Angst vor den Gebildeten, die da heranwachsen werden.

Doch Hellmut Becker weist über seine Schilderung der täglichen Mühsal hinaus: Die Ziele, die er setzt, und die Vorschläge für die Zukunft des Bildungswesens, die er dem Leser unterbreitet, zeigen, daß er den Sinn für das besitzt, was Menschen möglich ist.